Mira Fischer

Materialien und Kopiervorlagen
zur Klassenlektüre

Beate Fiedler

# Es ging ganz einfach

Hase und Igel®

# Inhalt



Die im Material angegebenen Internetadressen wurden zuletzt am 03.11.2021 geprüft.



www.hase-und-igel.de
Lektorat: Anna Schultes
Satz: Appel Grafik München GmbH
Illustrationen: Anja Mo Kast (www.mophasia.de)

ISBN 978-3-86760-574-8
2. Auflage 2022

# „Es ging ganz einfach“ – Das Buch im Unterricht

## Das Buch

Spätestens seit dem US-Präsidentschaftswahlkampf 2015 / 16 ist das Schlagwort „Fake News“ in den Medien allgegenwärtig. Auch Jugendliche begegnen dem Phänomen in den Nachrichten – verbinden es aber meist mit der abstrakten Sphäre der internationalen Politik, die von ihrem Alltag weit entfernt ist. Zwar hat der Begriff „Fake“ selbst durchaus Einzug in die Jugendsprache gehalten. Wie verbreitet Falschmeldungen tatsächlich sind und welche Gefahren sie bergen, ist jedoch vielen nicht bewusst. Der Roman „Es ging ganz einfach“ greift das Thema in Form einer spannenden Geschichte aus der Erlebniswelt der Jugendlichen auf und zeigt die möglichen Auswirkungen von „Fake News“.

Jacob und seine Freunde fiebern der Eröffnung ihrer Fotoausstellung in der Villa, dem Jugendtreffpunkt von Marzheim, entgegen. Da taucht plötzlich ein spektakuläres Bild bei Facebook auf, gepostet von einem mysteriösen Löwenherz. Darauf zu sehen sind die Villa, ein Fass mit einem Totenkopf-Symbol und eine Grube. Das Foto legt nahe, dass auf dem Gelände der ehemaligen Wäscherei vor Jahren giftige Chemikalien vergraben wurden. Der vermeintliche Umweltskandal weckt nicht nur die Neugier des Lokalreporters Daniel und der überregionalen Presse, sondern spielt vor allem den Vätern von Anna und Jacob in die Karten: Der Bürgermeister plant ein neues Gewerbegebiet, das der Straßenbaumeister umsetzen soll. Den Jugendtreffpunkt abzureißen wäre die einfachste Möglichkeit, um eine Zufahrt zu schaffen. Aber die Jugendlichen von Marzheim wollen ihre Villa nicht kampflos aufgeben. So verfolgen sie die Spur von Löwenherz und machen sich auf die Suche nach dem Besitzer der ehemaligen Wäscherei, um ihn für seine vermeintlichen Umweltsünden zur Rechenschaft zu ziehen. Dass das Foto ein „Fake“ ist und der Urheber aus ihren eigenen Reihen stammt – damit rechnen die jungen Ermittler nicht. Doch auf der Bürgerversammlung legt Jacob ein schwerwiegendes Geständnis ab und das Geheimnis um Löwenherz und den vermeintlichen Umweltskandal wird mit einem Paukenschlag gelüftet.

In ihrem Roman verzichtet Beate Fiedler auf Schwarz-Weiß-Zeichnungen. Vielmehr gibt sie dem Leser nach und nach immer tiefere Einblicke in die widersprüchliche Gefühls- und Gedankenwelt ihres Protagonisten. So können die Schüler Jacobs Motivation für die Verbreitung des gefälschten Fotos nachvollziehen. Gleichzeitig stellt die Autorin ihm u. a. mit Lisa und Anna starke Figuren zur Seite, die entschlossen der Wahrheit auf den Grund gehen und zugleich ein offenes Ohr für die Sorgen ihrer Mitmenschen haben. Sicher werden sich die jungen Leser mit den Jugendlichen von Marzheim und ihrem Wunsch nach Gerechtigkeit identifizieren. Das Geheimnis um Löwenherz weckt ihre Neugier und motiviert zum Weiterlesen.

## Das Material

Das Begleitmaterial unterstützt Sie dabei, die zentralen Inhalte des Romans verständlich aufzubereiten. Im Fokus der Lektürearbeit steht zum einen die Beschäftigung mit der Hauptfigur Jacob und seinem Umfeld, zum anderen die Untersuchung der Handlung um das gefälschte Foto und den mysteriösen Urheber Löwenherz. Darüber hinaus lernen die Schüler verschiedene journalistische Darstellungsformen kennen, reflektieren ihren eigenen Umgang mit sozialen Medien und machen sich die Bedeutung des Begriffs „Fake“ in unterschiedlichen Kontexten bewusst.

Das Material ist in sieben Abschnitte gegliedert, wobei sich die ersten sechs am chronologischen Handlungsverlauf der Lektüre orientieren. Die letzte Einheit bietet Anregungen, sich im Rahmen der medienkritischen Arbeit mit dem aktuellen Thema „Fake News“ auseinanderzusetzen. Jeder Abschnitt beginnt mit einem Lehrerteil, der eine Inhaltszusammenfassung der einzelnen Kapitel, didaktische Hinweise und Musterlösungen zu den Kopiervorlagen enthält. Zur Vertiefung können Sie aus Arbeitsaufträgen in den Bereichen „Gesprächs- und Schreibanlässe“ sowie „Kreativ aktiv“ auswählen.

Signets am oberen Seitenrand verdeutlichen den thematischen Schwerpunkt jeder Kopiervorlage:

Zur Lektüre

Jacobs Welt

Löwenherz und das Foto

Medien und Kommunikation

Fake News

Viel Erfolg bei der Arbeit mit Buch und Material wünscht Ihnen und Ihrer Klasse

*Mira Fischer*

# Prolog bis 6. Kapitel: Die Ausstellung

## Inhalt

(Prolog) Eine nicht näher beschriebene Person bearbeitet ein Foto am Computer, indem sie wenige, aber offenbar entscheidende Details hinzufügt. Sie wundert sich, wie einfach und schnell die Bearbeitung vonstattengeht. Augenscheinlich ist die Person sehr nervös. Sie beruhigt sich selbst durch den Gedanken, das Foto werde keinen Schaden anrichten. Kurz danach schickt sie das Bild ab.

(1) Jacob liest beim Frühstück in der Zeitung über das umstrittene Bauvorhaben des Bürgermeisters: Einige Anwohner fürchten den Lärm und Schmutz, den die Arbeiten an dem neuen Gewerbegebiet in Marzheim verursachen werden. Als er weiterblättert, stellt der Junge fest, dass sein Vater bereits zum dritten Mal Wohnungsanzeigen markiert hat. Jacob ist sehr wütend darüber, denn er möchte auf keinen Fall aus Marzheim weggehen und das Haus mit Garten gegen eine Dreizimmerwohnung eintauschen. Er hat Angst, dann seine Freunde und vor allem Anna nicht mehr treffen zu können und seinen Hund Ole weggeben zu müssen. Ole ist das Abschiedsgeschenk seiner Mutter, die die Familie verlassen hat.

(2) In der Villa, dem Jugendtreffpunkt von Marzheim, sind der neunjährige Kanzi, seine ältere Schwester Neyla und die Sozialarbeiterin Rike mit den Vorbereitungen für die Fotoausstellung „Meine Stadt – früher und heute" beschäftigt. Kanzi staunt über die Bilder der älteren Kinder. Da seine Großeltern in Kenia leben, konnte er nicht so spektakuläre Fotos aus der Vergangenheit auftreiben. Weitere Jugendliche kommen in die Villa. Rike hält alle zum Arbeiten an, obwohl Jacob noch nicht da ist.

(3) Jacob fährt mit dem Rad zur Villa. Er denkt über die Geldsorgen seiner Familie nach. Der Vater muss deswegen möglicherweise das Haus verkaufen und kann Jacobs defektes Handy nicht ersetzen. Anschließend erinnert sich der Junge an ein unangenehmes Ereignis vor ein paar Tagen. Martin hat ein Blatt mit der geheimen Zeichnung eines gebrochenen Herzens und dem Namen „Anna" aus Jacobs Block herausgerissen und an die Pinnwand des Jugendtreffs gehängt. Jacob schämt sich dafür und bedauert gleichzeitig, dass er Anna im Gegensatz zu früher nur noch selten sieht. Sein Freund Oscar hat ihm geraten, das Mädchen einfach anzusprechen, doch das traut Jacob sich nicht.

(4) Oscar hilft Jacob dabei, sein Plakat für die Ausstellung fertigzustellen. Darauf sind Fotos von der Villa zu sehen, in der früher eine chemische Reinigung untergebracht war. Jacob ist mit seinen Fotos und Texten sehr zufrieden. Er träumt davon, später Journalist zu werden und seine Mutter jederzeit in Spanien besuchen zu können. Als er Martin zur Villa kommen sieht, macht er sich schnell auf den Heimweg.

(5) Bei der Eröffnung der Fotoausstellung taucht ein Reporter auf, der auf der Suche nach einem MC Kan ist. So nennt sich Kanzi bei Facebook. Daniel interessiert sich für ein Foto, das der Junge in dem sozialen Netzwerk geteilt hat. Kanzi hat das Foto auf der Seite eines Facebook-Freundes gefunden, der sich Löwenherz nennt und einen Löwenkopf als Profilbild verwendet. Der Reporter möchte wissen, wer Löwenherz ist, doch Kanzi kann die Frage nicht beantworten.

(6) Kanzi winkt Jacob zu sich, da dieser auch auf Facebook mit Löwenherz befreundet ist. Er hatte dem älteren Jungen schon bei WhatsApp geschrieben, um ihn auf das auffällige Foto aufmerksam zu machen: Darauf sind Männer mit Fässern vor der alten Wäscherei zu sehen. Auf einem der Fässer ist ein Totenkopf abgebildet und daneben befindet sich eine Grube. Kanzi vermutet, dass dort etwas Giftiges vergraben wurde, und brüstet sich damit, den Umweltskandal entdeckt zu haben. Dann erinnert er sich, in Jacobs Block ein ähnliches Bild gesehen zu haben. Als der Reporter nachhakt, erzählt Jacob, dass er Fotos mit alten Gebäuden aus Marzheim bei seinem Opa gefunden hat. Er hat sich jedoch dagegen entschieden, das Foto von der Wäscherei auszustellen. Daniel fotografiert Jacob vor dessen Plakat und beschließt, einen Zeitungsartikel über das Bild bei Facebook zu schreiben.

## Unterrichtsschwerpunkte

- den Prolog analysieren
- die Hauptfigur und ihr Umfeld kennenlernen
- das Textverständnis überprüfen

## Zu den Kopiervorlagen

**Der Prolog**

Dem Romangeschehen ist ein Prolog vorangestellt. Bevor die Schüler mit der eigentlichen Lektüre beginnen, betrachten sie diesen genauer. Indem sie den Inhalt und die Erzählhaltung des Vorworts untersuchen, üben sie ihre textanalytischen Fähigkeiten. Ausgehend von der Wirkung, die der Prolog auf sie hat, entwickeln sie Vermutungen über den Fortgang der Geschichte und das Genre des Romans. Am Ende der Unterrichtseinheit greifen sie auf das Arbeitsblatt zurück und vergleichen ihre Erwartungen vor der Lektüre mit ihren Erkenntnissen nach der Lektüre (siehe Gesprächsanlass „Rückblick" auf S. 38/39).

Im zweiten Teil sind die Schüler dazu aufgefordert, selbst einen Prolog zu schreiben. Alternativ zu einem Buch können sie auch einen Film auswählen, zu dem sie eine kurze Vorgeschichte verfassen. Als Hilfestellung werden die möglichen Absichten eines Prologs angeführt.

**Lösung**

*Aufgabe 1:*

a) Eine Person bearbeitet ein Foto am Computer, indem sie wenige Details hinzufügt. Kurz danach schickt sie das Bild ab.

b) Aus dem Text geht nicht eindeutig hervor, wer spricht. Die Erzählhaltung ist personal, aber es wird kein Pronomen (er/sie/es) verwendet, das über das Geschlecht des Erzählers Auskunft geben könnte.

c) z. B. Der Prolog wirkt geheimnisvoll und spannend. Auf der Handlungsebene passiert nicht viel, aber die Beschreibung der Gefühle und Gedanken der Person zeigen deren Nervosität: Ihr Herz schlägt heftig, sie beißt die Zähne aufeinander und schwitzt. Zugleich scheint sie mit kühler Berechnung vorzugehen („... blieb der Verstand ganz gelassen", S. 5). Es entsteht der Eindruck, dass die Person etwas Verbotenes, womöglich Folgenreiches tut.

d) z. B. Wahrscheinlich spielt das bearbeitete Bild in der Geschichte eine wichtige Rolle. Das Foto wurde „abgeschickt", jemand anderes empfängt es also. Auf dem Foto könnte etwas zu sehen sein, das einen Skandal auslöst.

e) z. B. Der Prolog lässt vermuten, dass es sich bei dem Buch um einen Kriminalroman handelt.

*Aufgabe 2:*
individuelle Lösung

**Der Prolog**
Der Prolog (griechisch für „pro" = „vor", „logos" = „Wort") ist das Vorwort eines literarischen Werkes. Er steht nach der Titelei und dem Inhaltsverzeichnis und vor dem 1. Kapitel. Hier schreibt der Autor über Dinge, die nicht direkt in die Geschichte passen, die er aber trotzdem erwähnen will. So kann er mit dem Prolog den Leser begrüßen, ihm die Vorgeschichte der eigentlichen Handlung erzählen oder ihm Hintergrundinformationen dazu geben. Der Prolog bietet dem Autor die Möglichkeit, eine andere Erzählhaltung einzunehmen als im Rest des Buches. Aus der Distanz kann er sich über seine eigene Geschichte lustig machen oder ihr einen besonders authentischen Charakter geben. Manchmal wechselt er im Prolog auch die Erzählperspektive (z. B. kann er statt der Innensicht der Helden die Außensicht zeigen). Der Prolog soll auf die Geschichte einstimmen, den Leser neugierig machen und seine Sicht auf das Geschehen beeinflussen.

**Jacobs Welt**
In den ersten Kapiteln (v. a. 1 und 3) erfährt der Leser einiges über die Gedanken, Wünsche und Ängste der Hauptfigur. Das Arbeitsblatt dient dazu, sich anhand der Informationen aus der Lektüre ein Bild von Jacob, seiner Situation und seinem Umfeld zu machen.

**Lösung**

*Aufgabe 1:*
Diese Menschen und Tiere sind wichtig für Jacob: Vater, Mutter, Anna, Oscar, Hund Ole

*Aufgabe 2:*
z. B.
Niemals werde ich hier wegziehen.
So gerne würde ich Anna ansprechen.
Irgendwann werde ich ein guter Journalist sein.

**Die Ausstellung**
Das zentrale Ereignis dieses Lektüreabschnitts ist die Fotoausstellung, die von den Jugendlichen zusammen mit der Sozialarbeiterin Rike organisiert wird. Sie trägt den Titel „Meine Stadt – früher und heute". Indem die Schüler die Fotos richtig zuordnen und Bildunterschriften verfassen, stellen sie ihr Textverständnis unter Beweis und verschaffen sich einen Überblick über die weiteren Figuren des Romans.

**Lösung**

Der Kirchturm von Marzheim, Foto von: Ellen

Der Waldsee von Marzheim, Foto von: Neyla

Das Kino von Marzheim, Foto von: Oscar

Die Grundschule von Marzheim, Foto von: Kanzi

Der Jugendtreff von Marzheim, Foto von: Jacob

**Ein „krasses" Foto**

Im Mittelpunkt dieser Kopiervorlage stehen die Begegnung der Kinder mit Daniel und das verdächtige Foto von Facebook. Die Schüler vollziehen die Befragung von Kanzi und Jacob durch den Reporter nach.

**Lösung**

*Aufgabe 1:*

Auffälligkeiten: Totenkopf auf dem Fass, Grube

*Aufgabe 2:*

Was hast du denn da für ein Foto gepostet? – Das hat ein Freund von mir ins Internet gestellt.

Von wem ist das Bild? – Ich glaube von Löwenherz.

Ja, ja, ich weiß, aber wer ist das, dieser Löwenherz?

Was hat der Kleine denn vorhin gemeint? – Ach, ich hab bei meinem Opa ein paar alte Fotos in einer Schachtel gefunden.

Und Bilder von der Wäscherei sind auch dabei? – Die Wäscherei ist dabei und noch einige andere Häuser.

Aber das Bild, das Kanzi in deinem Block gesehen hat, das wolltest du eigentlich ausstellen? – Erst ja. Doch dann hat es irgendwie nicht zu meinen anderen Fotos gepasst.

## Gesprächs- und Schreibanlass

**Berufswünsche**

Jacob träumt davon, ein guter Journalist zu werden. Daniel macht ein Volontariat bei der Lokalzeitung.

- Wie wird man Journalist? Sucht Informationen über die journalistische Ausbildung (das Volontariat) im Internet und präsentiert eure Ergebnisse der Klasse.
- Welche Berufe werden in diesem Lektüreabschnitt noch erwähnt? (Bürgermeister, Sozialarbeiterin, Altenpfleger)
- Welche Berufswünsche habt ihr? Was wisst ihr über die Ausbildung zu diesen Berufen?

## Kreativ aktiv

**„Meine Stadt – früher und heute"**

Organisiert eure eigene Fotoausstellung zum Thema „Meine Stadt – früher und heute". Falls schon eure Eltern, Großeltern oder andere Verwandte in dem Ort aufgewachsen sind, könnt ihr sie nach alten Fotos fragen. Erkundigt euch bei der Gemeinde oder recherchiert im Internet, ob es ein Archiv mit Bildmaterial und Informationen über eure Stadt gibt. Fotografiert bei einem Spaziergang durch den Ort Gebäude oder Plätze, die euch besonders beeindrucken, und versucht etwas über ihre Geschichte herauszufinden. Erstellt ein Fotoplakat mit passenden Bildunterschriften und hängt es in der Klasse auf.

# Der Prolog

**1. Lies den Abschnitt vor dem 1. Kapitel. Was verrät er über das Buch? Sprich mit deinem Partner und beantwortet die Fragen.**

a) Was passiert in dem Prolog?
b) Wer spricht in dem Prolog?
c) Welche Wirkung hat der Prolog auf dich?
d) Wie könnte die Geschichte weitergehen?
e) Um welche Art von Buch handelt es sich wohl?

**2. Schreibe einen Prolog zu einem Buch, das du vor Kurzem gelesen hast.**

Im Prolog kannst du:

- den Leser begrüßen,
- ihm die Vorgeschichte der eigentlichen Geschichte erzählen,
- Hintergrundinformationen geben,
- den Leser auf die Geschichte einstimmen, ihn neugierig machen und seine Sicht auf das Geschehen beeinflussen.

# Jacobs Welt

**1. Welche Menschen und Tiere sind wichtig für Jacob? Schreibe die Namen in die Felder.**

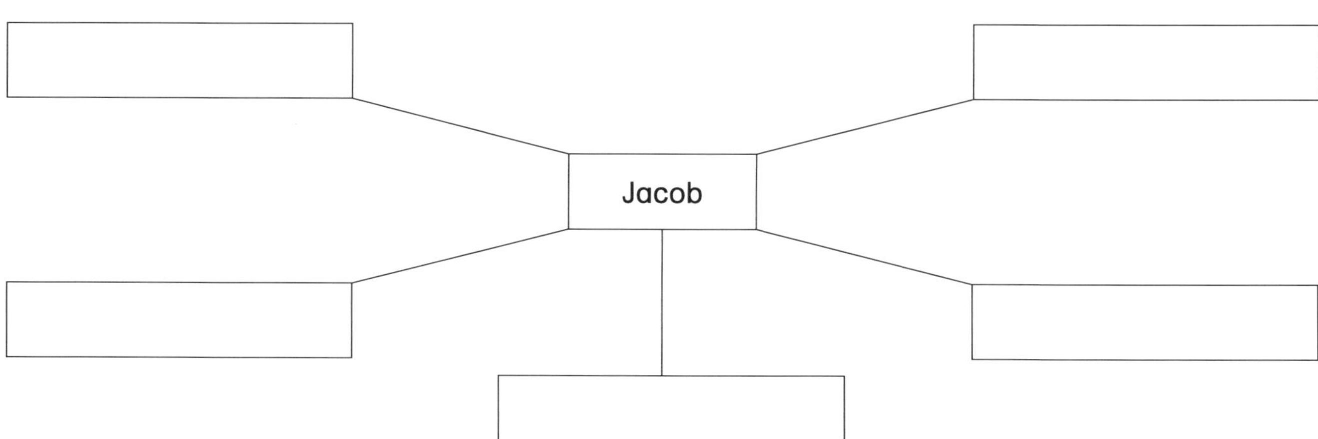


**2. Welche Wünsche hat Jacob? Was möchte er auf keinen Fall? Ergänze die Denkblasen.**

Niemals werde ich

So gerne würde ich

Irgendwann werde ich

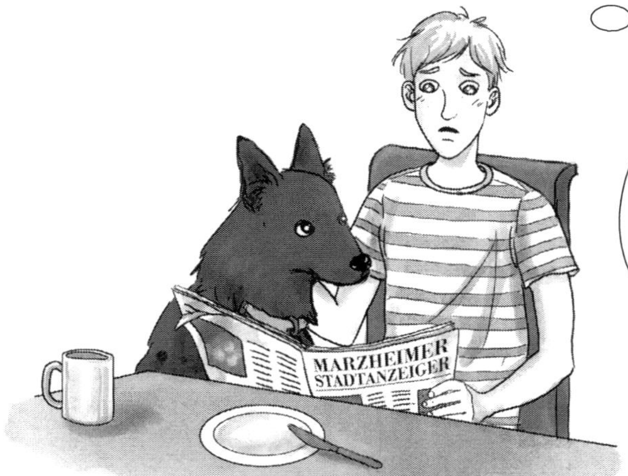

# Die Ausstellung

Die Jugendlichen von Marzheim organisieren eine Fotoausstellung zum Thema „Meine Stadt – früher und heute“.

**Sieh dir die Abbildungen an. Notiere jeweils eine kurze Bildunterschrift und den Namen des Fotografen. Tipp: Lies im 2., 4. und 5. Kapitel nach.**

Foto von:

Foto von:

Foto von:

Foto von:

Foto von:

# Ein „krasses“ Foto

**1. Was ist das „Krasse“ an dem Foto? Kreise die beiden Auffälligkeiten ein.**

**2. Verbinde die Fragen von Daniel mit den passenden Antworten der Kinder. Eine Frage wird nicht beantwortet. Rahme sie farbig ein.**

- Was hast du denn da für ein Foto gepostet?
- Von wem ist das Bild?
- Ja, ja, ich weiß, aber wer ist das, dieser Löwenherz?
- Was hat der Kleine denn vorhin gemeint?
- Und Bilder von der Wäscherei sind auch dabei?
- Aber das Bild, das Kanzi in deinem Block gesehen hat, das wolltest du eigentlich ausstellen?

- Ich glaube von Löwenherz.
- Die Wäscherei ist dabei und noch einige andere Häuser.
- Ach, ich hab bei meinem Opa ein paar alte Fotos in einer Schachtel gefunden.
- Das hat ein Freund von mir ins Internet gestellt.
- Erst ja. Doch dann hat es irgendwie nicht zu meinen anderen Fotos gepasst.

# 7. bis 14. Kapitel: Das Enthüllungsfoto

## Inhalt

(7) Rike, Daniel, Kanzi, Neyla und Jacob schauen sich am Computer der Sozialarbeiterin das Facebook-Profil von Löwenherz an, können aber nichts über seine Identität herausfinden. Rike sieht den Umgang der Kinder mit dem sozialen Netzwerk kritisch. Daniel interessiert sich vor allem für den Urheber des Fotos. Er bittet Jacob, ihm seine Bilder der alten Wäscherei per E-Mail zu schicken.

(8) Oscar zeigt Jacob und dessen Vater Daniels Zeitungsartikel über das Facebook-Bild, den möglichen Umweltskandal und die Ausstellung im Jugendtreff. Auch ein Foto von Jacob ist abgebildet. Thomas Hellmann, Jacobs Vater, liest den Beitrag aufmerksam und scheint sich darüber zu freuen. Später hört Jacob, wie sein Vater in optimistischer Stimmung mit Jacobs älterer Schwester Lisa telefoniert.

(9) Anna und Neyla arbeiten im Garten des Jugendtreffs, als Kanzi, Jacob und Oscar sich zu ihnen gesellen. Die Kinder unterhalten sich über die Aufregung, die das Facebook-Foto bei einigen Eltern ausgelöst hat: Martin und andere Jugendliche dürfen den Jugendtreff nicht mehr besuchen, da der Boden rund um die Villa verseucht sein könnte. Rike, die kurz darauf dazukommt, ärgert sich über die vielen telefonischen Beschwerden, ist aber froh, dass das Foto aufgetaucht ist. Um herauszufinden, was auf dem Gelände vergraben wurde, möchte sie die Stadtverwaltung beauftragen, Bodenproben zu nehmen.

(10) Daniel vergleicht im Büro von Rike das Facebook-Foto mit den beiden Bildern von der alten Wäscherei, die Jacob ihm geschickt hat. Er bittet Kanzi, Neyla, Jacob und Oscar, ihm dabei zu helfen. Auf den Bildern von Jacobs Opa sind keine Fässer zu sehen und sie haben eine andere Farbe als das Foto von Löwenherz. Dennoch ist der Reporter der Meinung, dass die drei Bilder zu einer Serie gehören und kurz nacheinander entstanden sind. Er fragt Jacob über die Verbindung seines Opas zur Wäscherei und den Grund für den Besitz der Fotos aus, aber der Junge kann keine Antworten geben.

(11) Der Bürgermeister Peter Frisch nimmt den Anruf einer aufgeregten Marzheimerin entgegen, die sich nach Daniels Zeitungsbericht Sorgen um die Qualität des hiesigen Grundwassers macht. Peter Frisch beruhigt die Anruferin. Danach liest er die Interviewanfrage einer überregionalen Zeitung, die sich für die Affäre um das Enthüllungsfoto interessiert. Der Bürgermeister beschließt, die Entwicklung für seinen Vorteil zu nutzen: Für ihn wäre es am einfachsten und billigsten, wenn die Zufahrtsstraße zum geplanten Gewerbegebiet direkt durch das Gelände der ehemaligen Wäscherei führen könnte. Der vermeintliche Umweltskandal würde es ihm ermöglichen, das Gelände zu schließen, ohne Proteste der Bürger fürchten zu müssen.

(12) Beim Essen regt sich Anna, die Tochter des Bürgermeisters, über die geplante Schließung des Jugendtreffs auf. Sie äußert die Vermutung, dass das Facebook-Foto ein Fake sein könnte, und hinterfragt die Gefährlichkeit der vergrabenen Substanzen. Anna bittet ihren Vater, die Polizei einzuschalten, um die Identität von Löwenherz und den Ursprung des Fotos zu ermitteln. Doch Peter Frisch geht nicht auf die Einwände seiner Tochter ein. Wenig später telefoniert er mit Thomas Hellmann und freut sich mit ihm darüber, dass voraussichtlich bald mit den Bauarbeiten für das Gewerbegebiet begonnen werden kann.

(13) Rike und die Jugendlichen haben von der Kündigung des Nutzungsvertrags für die Villa erfahren. Die Sozialarbeiterin versteht die Entscheidung von Annas Vater, da sie ihre Kinder auch nicht auf einer Mülldeponie spielen lassen würde. Kanzi bringt das Gespräch auf die Müllhalden in Afrika, auf denen viele europäische Händler illegal ihren Elektroschrott abladen. Oscar und Anna wollen den ehemaligen Besitzer der Wäscherei ausfindig machen und ihn zur Rede stellen. Doch Rike bittet die Kinder, erst einmal nichts zu unternehmen.

(14) Neyla und Jacob sitzen am See. Um sich vor einem Wettschwimmen mit den anderen Jungen zu drücken, hat Jacob sich ein großes Pflaster auf die Ferse geklebt. Oscar stößt mit einer Zeitung zu den beiden. Er und Neyla lesen abwechselnd aus dem Interview mit dem Marzheimer Bürgermeister vor. Peter Frisch weicht darin der Frage des Reporters über die Zukunft der Villa aus. Neyla bekräftigt noch einmal den Vorschlag, dass die Kinder selbst etwas unternehmen müssen, um den Jugendtreff zu retten.

## Unterrichtsschwerpunkte

- die Nutzung von sozialen Medien kritisch hinterfragen
- die Entwicklung der Figuren und der Handlung analysieren
- auf der Basis einer Mindmap eine Definition des Begriffs „Fake“ formulieren
- anhand eines Sachtextes das Wissen über Umweltthemen und globale Zusammenhänge erweitern
- journalistische Textsorten kennenlernen

## Zu den Kopiervorlagen

KV Seite 15

### Im Facebook-Fieber?

Das Foto mit dem Giftfass wurde anonym auf Facebook gepostet. Dies bietet einen Anlass, um die Nutzung von sozialen Netzwerken im Unterricht aufzugreifen und kritisch zu hinterfragen. Mithilfe eines Fragebogens können die Schüler sich ungezwungen zu zweit darüber austauschen. Sollten einzelne Jugendliche kein Profil in einem sozialen Netzwerk haben, werden diese alternativ nach den Gründen dafür befragt. Im Anschluss an die Partnerarbeit werden die Ergebnisse im Plenum gesammelt, miteinander verglichen und diskutiert.

### Ein Foto und seine Folgen

Diese Kopiervorlage widmet sich dem verdächtigen Foto von Facebook. Die Schüler machen sich bewusst, dass das Bild unterschiedliche Auswirkungen hat. Durch genaue Lektüre des 10. bis 14. Kapitels arbeiten sie die Folgen für die verschiedenen Romanfiguren heraus. Die Aufgabe kann auch in arbeitsteiliger Gruppenarbeit durchgeführt werden, wobei sich jeweils eine Gruppe mit einer Figur bzw. Partei beschäftigt und ihre Lösung der Klasse präsentiert. Im Anschluss daran bietet sich der Schreibanlass „Das Foto und ich" (siehe S. 14) an. Außerdem dient das Blatt als Vorbereitung für die Kopiervorlage „Wer ist Löwenherz?" (S. 27) im folgenden Abschnitt, auf der es um die möglichen Motive der Figuren für die Verbreitung des Fotos geht.

**Lösung**

Thomas Hellmann: Bauauftrag und Verdienstquelle, muss sein Haus nicht verkaufen

Peter Frisch: kann sein geplantes Projekt (das neue Gewerbegebiet) einfach und kostengünstig umsetzen

Marzheimer Eltern: Sorgen um Kinder auf verseuchtem Gelände

Daniel: Hoffnung auf gute Story und Durchbruch als Journalist

Rike und die Kinder: der Jugendtreff muss geschlossen werden

### Ein Fake?

Im 12. Kapitel äußert Anna die Vermutung, dass das Foto ein Fake sein könnte. Das Ziel des vorliegenden Arbeitsblatts ist es, zu einer Definition des vielschichtigen Begriffs „Fake" zu gelangen. Zunächst sammeln die Schüler Assoziationen und Informationen in Form einer Mindmap. Diese dienen ihnen anschließend als Anhaltspunkt, um einen Lexikoneintrag zu verfassen. Der Begriff bietet sich durch seine Deutungsoffenheit auch für eine künstlerische Umsetzung an (siehe Anregung „Das ist doch Fake!" in der Rubrik „Kreativ aktiv", S. 14).

**Lösung**

*Aufgabe 1:*

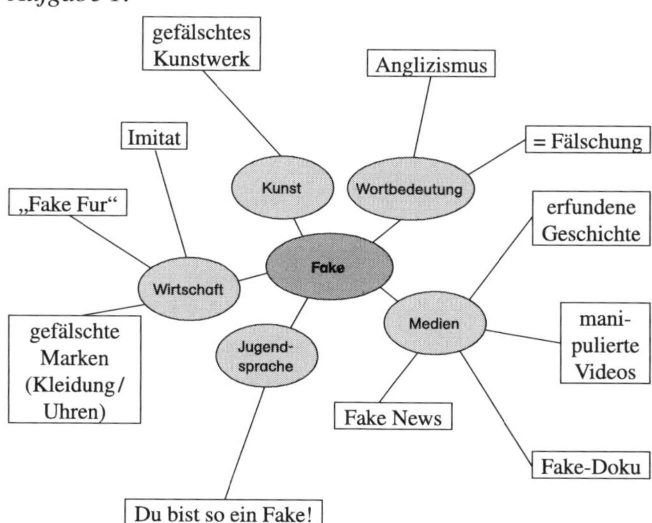


*Aufgabe 2:*

„Fake" kommt aus dem Englischen und bedeutet „Fälschung". Das Wort wird auch im Deutschen in verschiedenen Bereichen einzeln oder als Vorsilbe benutzt. Imitate und Kopien in der Kunst- und der Bekleidungsbranche werden als „Fake" bezeichnet (z. B. „Fake Fur", „Fake-Rolex"). Wenn man jemanden als „Fake" beschimpft, meint man, dass diese Person nicht aufrichtig ist. In den Medien wird der Begriff für manipulierte Videos, erfundene Geschichten und Falschmeldungen („Fake News") verwendet. Begriffe wie „Fake-Doku" verweisen auf gestellte Sachverhalte und falsche Zusammenhänge.

### Unser Elektromüll in Afrika

Im Zusammenhang mit den Giftfässern kommen die Kinder im 13. Kapitel auf den Elektromüll in Afrika zu sprechen. Die Kopiervorlage greift diesen Exkurs in Form eines Sachtextes auf. Indem sie die Lücken mit passenden Begriffen ergänzen, trainieren die Schüler ihr detailliertes Leseverstehen. Um das Thema zu vertiefen, schauen Sie anschließend gemeinsam den Dokumentarfilm „Welcome to Sodom" an. Er ist als DVD erhältlich. Auf der Website *www.welcome-to-sodom.de* finden Sie weiterführende Informationen. Im Internet können Sie sich umfangreiches Zusatzmaterial kostenlos herunterladen, z. B. unter *https://www.digibits.de/materialien/unterrichtsmaterial-zum-film-welcome-to-sodom-dein-smartphone-ist-schon-hier/*. Im Zusammenhang mit Afrika bieten sich ggf. auch Kurzreferate zu Ghana und Kenia (Kanzis und Neylas Herkunftsland) an.

**Lösung**

In Ghanas Hauptstadt Accra liegt eine der größten Elektro-Müllhalden der Welt. Täglich kommen hier Container voller Laptops, Smartphones und Fernseher an. In einem Jahr sind es rund 250 000 Tonnen Elektroschrott. Die ausrangierten Geräte werden aus Europa und aller Welt illegal auf Schiffen angeliefert.

Die Müllhalde Agbogbloshie ist zugleich ein Slum, in dem etwa 6000 Frauen, Männer und Kinder leben und arbeiten. Sie durchsuchen die Berge von Elektroschrott nach Metallen wie Gold, Blei, Quecksilber und Kupfer, die in den Geräten verbaut sind. Um an die Rohstoffe zu kommen, verbrennen sie die Plastikgehäuse. Dabei entstehen giftige Dämpfe, die von den Menschen täglich eingeatmet werden. Die gefährlichen Gifte sickern auch in den Boden und verseuchen das Wasser, das weiter in den Atlantik fließt. So vergiften die Chemikalien nicht nur die Menschen, sondern auch die Fische vor der Küste Accras.

Ein internationales Abkommen verbietet den Export von Elektromüll. Doch wie Rike im 13. Kapitel erklärt, gibt es Tricks, mit denen das Verbot umgangen wird. Als Verbraucher solltest du deine beschädigten Geräte bei offiziellen Recyclingstellen oder beim Hersteller abgeben. Und vor dem nächsten Kauf kannst du überlegen: Muss ich mein funktionierendes Smartphone wirklich durch ein neues Modell ersetzen?

KV Seite 19

**Interview mit Peter Frisch**

Ausgehend von dem Interview mit dem Marzheimer Bürgermeister (14. Kapitel) setzen sich die Schüler hier mit dieser journalistischen Textsorte auseinander und lernen verschiedene Frageformen kennen. Im Anschluss daran wenden sie ihr neu erworbenes Wissen auf den Romaninhalt an: Sie versetzen sich an die Stelle des Reporters und überlegen sich eigene kritische Fragen an Peter Frisch. Die Aufgabe kann auch in Partnerarbeit gelöst werden. Zur Präsentation der Ergebnisse eignet sich ein Rollenspiel (siehe Anregung „Was sagen Sie dazu?“ in der Rubrik „Kreativ aktiv“, S. 14). Klären Sie im Plenum, um welche Art von Interview es sich bei dem Gespräch mit dem Bürgermeister handelt (ein Sachinterview, siehe Infokasten rechts).

**Lösung**

*Aufgabe 1:*

Einschätzungsfragen: Sie zielen auf eine Meinung oder Beurteilung eines Sachverhalts.

Provokationsfragen: Sie fordern den Interviewten bewusst heraus.

Konkretisierungsfragen: Sie dienen dazu, einen Sachverhalt zu hinterfragen und zu präzisieren.

*Aufgabe 2:*

z. B.

Haben Sie eine Vermutung, wer Löwenherz ist? (Einschätzungsfrage)

Manche meinen, dass Sie nur darauf warten, die Villa zu schließen, damit Sie Ihre Baupläne umsetzen können. Was sagen Sie dazu? (Provokationsfrage)

Woher wissen Sie, dass das Foto echt ist? (Konkretisierungsfrage)

**Das Interview**

Diese journalistische Textsorte zeichnet sich durch ihre dialogische Form und die Präsentation von authentischen, aber subjektiv gefärbten Informationen aus. Im Interview gibt ein Experte zu einem bestimmten Thema Auskunft. Formal werden drei Arten von Interviews unterschieden:

- Sachinterview: Vermittlung von Informationen und Fakten zu einem Sachverhalt
- Meinungsinterview: Urteil über ein Ereignis oder einen Sachverhalt
- Personeninterview: Porträt der befragten Person

## Gesprächs- und Schreibanlässe

**Umweltskandal?**

Was steht in Daniels Artikel über das Facebook-Foto? Schreibe ihn auf. Sammle zunächst alle Informationen aus dem 8. Kapitel dazu und notiere sie in Stichworten. Beantworte in deinem Text folgende Fragen:

- Was ist auf dem Foto zu sehen?
- Woher stammt es?
- Wer hat es verbreitet?

Sprecht vorher gemeinsam über den Aufbau eines Zeitungsartikels (s. Infokasten, S. 14).

**Der Aufbau eines Zeitungsartikels**
Ein Zeitungsartikel ist folgendermaßen gegliedert:
1. Überschrift
2. Unterüberschrift
3. Einleitung: In den ersten Sätzen des Zeitungsartikels werden die W-Fragen (Wer? Was? Wo? Wann? Wie? Warum?) beantwortet. Sie bilden den „Aufhänger“ für den anschließenden Bericht.
4. Hauptteil: Hier geht der Verfasser ausführlicher auf das Thema des Artikels, das er bereits in der Einleitung vorgestellt hat, ein.
5. Schluss: Der Artikel kann mit einem zusammenfassenden Satz oder mit einem Ausblick, z. B. einer rhetorischen Frage (Was haben wir als Nächstes zu erwarten? Wird sich dieser Vorgang wiederholen?), enden.

**Das Foto und ich**
Wähle eine der Romanfiguren (Thomas Hellmann, Daniel, Peter Frisch, Rike oder ein Kind/einen Jugendlichen) von dem Arbeitsblatt „Ein Foto und seine Folgen“ aus. Schreibe mithilfe der Stichworte aus dem entsprechenden Kasten einen Tagebucheintrag oder einen inneren Monolog. Darin berichtet die Person darüber, welche Folgen das Foto für sie hat und welche Gedanken und Gefühle dies bei ihr hervorruft.

## Kreativ aktiv

**„Was sagen Sie dazu?“**
Spielt das Gespräch zwischen dem Reporter der Zeitung und dem Marzheimer Bürgermeister zu zweit nach. Ihr könnt eure Fragen von dem Arbeitsblatt „Interview mit Peter Frisch“ zu Hilfe nehmen. Macht euch zunächst Notizen zu den möglichen Antworten des Bürgermeisters. Entwickelt dann einen Dialog und übt ihn ein. Präsentiert euer Interview der Klasse.

**„Das ist doch Fake!“**
Entwickelt in Gruppenarbeit Ideen für ein Kunstprojekt zu dem Thema „Das ist doch Fake!“. Notiert euch zuerst, was euch zu diesem Satz einfällt. Wählt anschließend ein Medium, durch das ihr eure Ideen am besten zum Ausdruck bringen könnt (z. B. Fotostory, Skulptur oder Theaterstück). Verteilt gegebenenfalls die Aufgaben und macht einen Zeitplan. Zum Schluss stellt ihr euch eure Ergebnisse gegenseitig vor.

# Im Facebook-Fieber?

**Befrage einen Mitschüler zu seiner Nutzung von sozialen Netzwerken. Kreuze die zutreffenden Aussagen an.**

1. Hast du ein Profil in einem sozialen Netzwerk? In welchem? Schreibe es dahinter.

☐ ja ______________________ ☐ nein

2. Wozu benutzt du es?

☐ Nachrichten schreiben ☐ mich informieren

☐ Fotos und Videos anschauen ☐ Beiträge liken

☐ Beiträge teilen ☐ Beiträge posten ☐ mich mit anderen Personen vernetzen

3. Welche Informationen gibst du von dir preis? Markiere die angekreuzten Informationen in unterschiedlichen Farben.

☐ meinen Klarnamen ☐ mein Geburtsdatum ☐ meine Handynummer

☐ meinen Wohnort ☐ meine Adresse ☐ meinen Beziehungsstatus

☐ meine Hobbys ☐ persönliche Fotos

4. Für wen sind deine Informationen sichtbar? Markiere deine Antworten mit der gleichen Farbe wie in Frage 3.

☐ für alle Internetnutzer ☐ für alle Personen in meiner Freundesliste und deren Kontakte

☐ für alle Personen in meiner Freundesliste

☐ nur für bestimmte Personen in meiner Freundesliste

5. Was teilst du in dem sozialen Netzwerk?

☐ persönliche Fotos ☐ (Musik-)Videos ☐ Artikel ☐ Memes ☐ Sprüche

6. Du bekommst eine Freundschaftsanfrage von einer unbekannten Person. Wie gehst du damit um?

☐ Ich bestätige die Anfrage. ☐ Ich ignoriere sie.

☐ Ich frage die Person in einer privaten Nachricht, wer sie ist.

# Ein Foto und seine Folgen

**Welche Folgen hat das Foto für wen? Schreibe Stichworte in die Kästen.**

Peter Frisch

Thomas Hellmann

Marzheimer Eltern

Daniel

Rike und die Kinder

# Ein Fake?

Im Streit mit ihren Eltern sagt Anna: „Dabei wisst ihr gar nicht, ob das Foto nicht vielleicht ein Fake ist.“ (S. 50)

**1. Was fällt dir zu dem Wort „Fake“ ein? Sieh dir die Mindmap an und ergänze sie mit weiteren Informationen.**

**2. Schreibe mithilfe der Mindmap einen kurzen Lexikoneintrag zum Stichwort „Fake“ in dein Heft.**

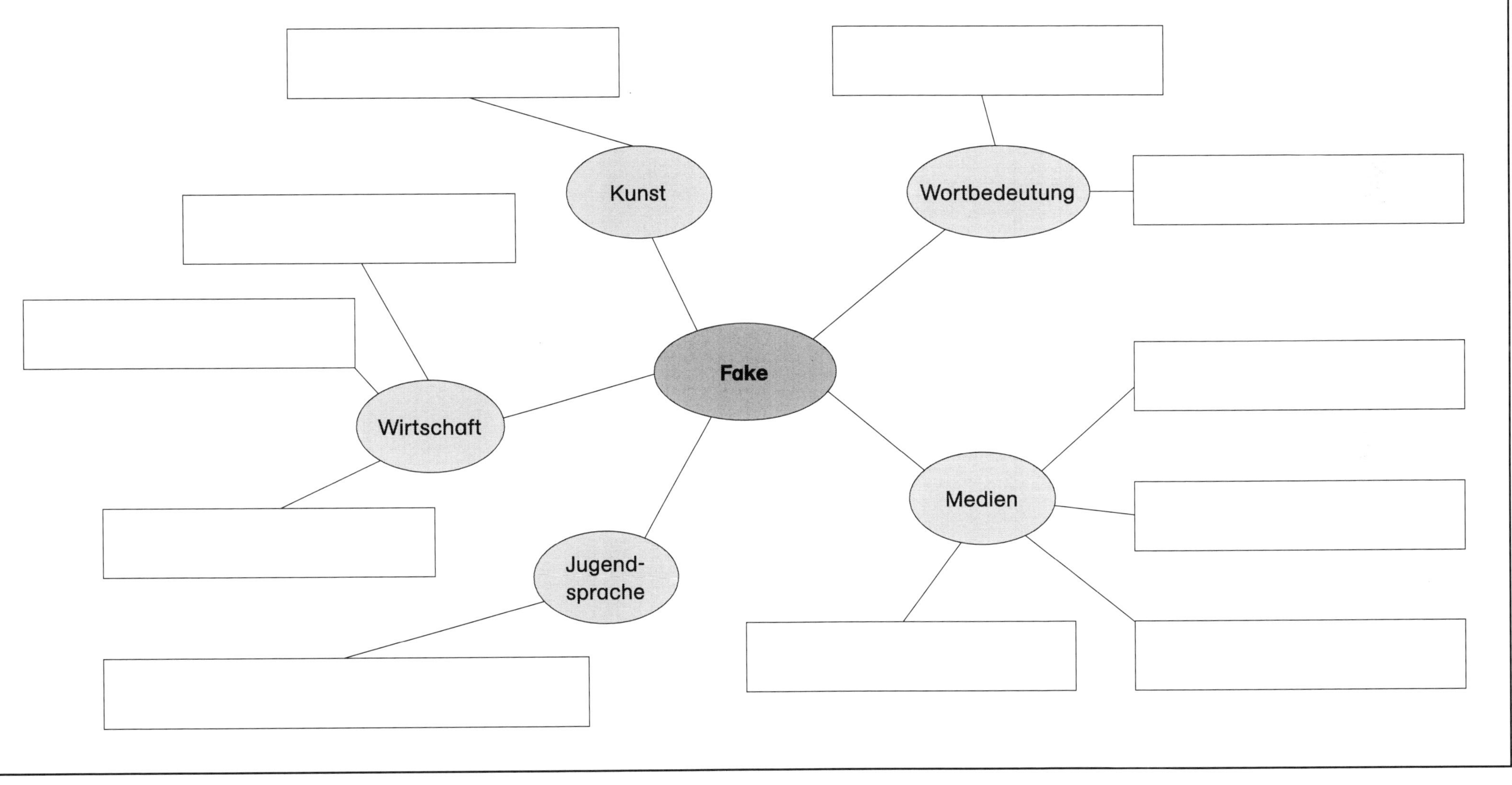

# Unser Elektromüll in Afrika

**Lies den Text über die Elektro-Müllhalde in Accra und ergänze die Lücken.**

Dämpfe | Slum | Elektro-Müllhalden | Smartphones | Fische | Metallen | neues | Tonnen | verseuchen | verbietet | illegal | verbrennen | Tricks | beschädigten

In Ghanas Hauptstadt Accra liegt eine der größten ______________________ der Welt. Täglich kommen hier Container voller Laptops, ______________________ und Fernseher an. In einem Jahr sind es rund 250000 ______________________ Elektroschrott. Die ausrangierten Geräte werden aus Europa und aller Welt ______________________ auf Schiffen angeliefert.

Die Müllhalde Agbogbloshie ist zugleich ein ______________________, in dem etwa 6000 Frauen, Männer und Kinder leben und arbeiten. Sie durchsuchen die Berge von Elektroschrott nach ______________________ wie Gold, Blei, Quecksilber und Kupfer, die in den Geräten verbaut sind. Um an die Rohstoffe zu kommen, ______________________ sie die Plastikgehäuse. Dabei entstehen giftige ______________________, die von den Menschen täglich eingeatmet werden. Die gefährlichen Gifte sickern auch in den Boden und ______________________ das Wasser, das weiter in den Atlantik fließt. So vergiften die Chemikalien nicht nur die Menschen, sondern auch die ______________________ vor der Küste Accras.

Ein internationales Abkommen ______________________ den Export von Elektromüll. Doch wie Rike im 13. Kapitel erklärt, gibt es ______________________, mit denen das Verbot umgangen wird. Als Verbraucher solltest du deine ______________________ Geräte bei offiziellen Recyclingstellen oder beim Hersteller abgeben. Und vor dem nächsten Kauf kannst du überlegen: Muss ich mein funktionierendes Smartphone wirklich durch ein ______________________ Modell ersetzen?

# Interview mit Peter Frisch

**1. In einem journalistischen Interview werden unterschiedliche Frageformen genutzt. Ordne den Bezeichnungen die passende Erklärung zu.**

| | |
|---|---|
| Einschätzungsfragen • | • Sie fordern den Interviewten bewusst heraus. |
| Provokationsfragen • | • Sie dienen dazu, einen Sachverhalt zu hinterfragen und zu präzisieren. |
| Konkretisierungsfragen • | • Sie zielen auf eine Meinung oder Beurteilung eines Sachverhalts. |

Oscar liest seinen Freunden das Interview mit dem Bürgermeister vor.

**2. Welche Fragen hättest du als Reporter gestellt? Schreibe sie auf. Verwende unterschiedliche Frageformen.**

# 15. bis 21. Kapitel: Wer ist Löwenherz?

(15) Anna, Neyla, Martin und Tobi kommen vom See zurück und quetschen sich neben Jacob auf die Decke. Die beiden älteren Jungen provozieren Jacob. Dieser beobachtet eifersüchtig, wie Martin und Anna flirten. Die Jugendlichen sprechen über die Villa und das Facebook-Foto. Sie stellen Vermutungen an, wer Löwenherz sein könnte. Schließlich äußert Martin den Verdacht, dass Jacobs Vater das Foto mit den Giftfässern verbreitet hat. Anna stellt die Gegenbehauptung auf, Martins Mutter sei dafür verantwortlich. Martin reagiert beleidigt und wehrt sich, indem er Annas Vater beschuldigt. Dann geht er weg und lässt Anna verstimmt zurück.

(16) Jacobs Schwester Lisa ist zu Besuch. Beim Essen unterhält sich die Familie über die aktuellen Entwicklungen in Marzheim: die Schließung der Villa und den Bauauftrag für den Vater. Lisa hinterfragt das Motiv von Löwenherz, jedoch greift niemand das Thema auf. Jacob bedauert, dass seine Schwester gleich wieder gehen muss, weil er gehofft hatte, richtig mit ihr reden zu können. Lisa verabschiedet sich und nimmt eine Tüte mit Kinderbüchern für ihr Praktikum im Krankenhaus mit.

(17) Jacob wird von Anna geweckt, die an der Haustür klingelt. Sie teilt ihm mit, dass ein Fernsehteam auf dem Gelände der Villa filmen möchte, und bittet ihn, zum Drehtermin zu kommen. Jacob hat vor der Befragung durch die Fernsehleute Angst und gibt vor, krank zu sein.

(18) Alle Kinder außer Jacob finden sich zum Drehtermin auf dem Gelände der Villa ein. Sie sind sehr überrascht, als Annas Vater, der Bürgermeister, auftaucht, und beobachten mit wachsendem Ärger, wie er interviewt wird. Als die Kinder den Fernsehleuten ihre Ansichten mitteilen wollen, müssen sie enttäuscht feststellen, dass diese bereits ihre Sachen zusammenpacken und wieder aufbrechen.

(19) Oscar schaut sich zusammen mit Jacob den Fernsehbeitrag an. Er ist wütend darüber, dass es darin nur um den Bürgermeister und sein Bauvorhaben geht und die Jugendlichen und ihr Anliegen überhaupt nicht thematisiert werden. Oscar erhält einen Anruf von Anna, die alle Kinder zu einem Treffen in die Villa bestellt. Jacob will mitkommen, doch Oscar rät seinem vermeintlich kranken Freund zu Hause zu bleiben.

(20) Bei einem Treffen in der Villa am nächsten Tag wollen die Kinder Rike von ihrem Vorhaben überzeugen, den ehemaligen Besitzer der Wäscherei aufzuspüren. Die Sozialarbeiterin schlägt vor, Herrn Meyer per Brief zur Bürgerversammlung einzuladen, bittet die Kinder aber, sich nicht mehr einzumischen. Auf dem Heimweg geben sich die Freunde dennoch per Handschlag das Versprechen, dass sie für die gemeinsame Sache kämpfen werden.

(21) Anna, Oscar, Jacob, Kanzi und Neyla versuchen, die Identität von Löwenherz zu ermitteln, indem sie die Namen aller Verdächtigen auf Zetteln an Neylas Zimmerwand sammeln. Da jedoch zu viele Personen infrage kommen, geben sie die Tätersuche schließlich auf. Anna bittet ihre Freunde, ein Foto von den Namen zu machen. Außerdem fordert sie Jacob und Kanzi auf, Löwenherz auf Facebook zu kontaktieren und die anderen zu informieren, sobald sie eine Antwort erhalten. Doch Jacob geht zu Hause nicht mehr an seinen Computer, denn er weiß auch so, dass Löwenherz niemandem antworten wird.

## Unterrichtsschwerpunkte

- die Beziehungen zwischen den Figuren untersuchen
- journalistische Darstellungsformen kennenlernen
- das Textverständnis überprüfen
- eine eigene Meinung bilden und begründen

## Zu den Kopiervorlagen

### Rivalitäten

Dieses Arbeitsblatt nimmt das Verhältnis der drei Figuren Jacob, Anna und Martin in den Blick. Die Schüler veranschaulichen die Grundkonstellation zunächst mithilfe eines grafischen Schaubilds. Durch sorgfältige Lektüre arbeiten sie anschließend heraus, wie sich diese im Laufe des 15. Kapitels verschiebt. In der dritten Aufgabe erschließen sie sich die Bedeutung von Martins Anspielung auf „King Georg“. Geben Sie den Jugendlichen die Möglichkeit, sich im Klassengespräch zu Martins Verhalten zu äußern und es zu bewerten.

Im Anschluss an das Blatt bietet sich die Anregung „Standbilder: Dreiecksverhältnis“ an (siehe Rubrik „Kreativ aktiv“, S. 23).

**Lösung**
*Aufgabe 1:*
Das Schaubild sollte Folgendes grafisch zum Ausdruck bringen: Jacob ist in Anna verliebt und eifersüchtig auf Martin. Denn Anna scheint sich zunächst mehr für den älteren Jungen zu interessieren. Martin behandelt Jacob herablassend und hänselt ihn, mit dem Mädchen flirtet er. Anna verhält sich Jacob gegenüber freundlich und nimmt ihn vor Martin in Schutz.

*Aufgabe 2:*
Am See greift Martin Jacob an: Er äußert den Verdacht, dass dessen Vater das Foto mit den Giftfässern verbreitet hat. Anna ergreift Partei für Jacob und stellt die Gegenbehauptung auf, Martins Mutter sei dafür verantwortlich. Martin reagiert beleidigt und wehrt sich, indem er Annas Vater beschuldigt. Dann geht er weg und lässt Anna verstimmt zurück.

*Aufgabe 3:*
Martin nennt Jacob „King Georg“, weil Jacob wie König Georg VI. stottert.

KV Seite 25

### Jacobs Familie

Im 16. Kapitel lernen die Leser ein weiteres Mitglied von Jacobs Familie kennen: seine Schwester Lisa. Dies bietet einen Anlass, um die Beziehungen innerhalb der Familie Hellmann genauer zu untersuchen. Die Schüler versetzen sich in Jacob hinein und beschreiben seine Gedanken und Gefühle zu seinen einzelnen Angehörigen. Dadurch machen sie sich bewusst, dass der Junge viele Sorgen und Wünsche hat, die er nicht ausspricht. Diese Erkenntnis nutzen die Jugendlichen in der zweiten Aufgabe, um einen Brief aus Jacobs Perspektive an seinen Vater zu verfassen, in dem er sich ihm anvertraut. Dadurch schulen sie nicht nur ihre Schreibkompetenz, sondern auch ihre Empathie.

**Lösung**
*Aufgabe 1:*
z. B.

Mein Vater ist Straßenbaumeister. Weil er kaum noch Aufträge bekommt, möchte er unser Haus verkaufen. Das wäre schrecklich! Ich müsste Ole hergeben und würde Anna vielleicht nie mehr wiedersehen.

Meine Mutter wohnt mit ihrem neuen Freund in Spanien. Ich wünschte, sie würde mich öfter anrufen und ich könnte sie in Spanien besuchen.

Meine Schwester studiert Medizin. Ich würde gerne mehr Zeit mit ihr verbringen und ihr erzählen, was mich beschäftigt. Doch leider hat sie viel zu tun.

*Aufgabe 2:*
individuelle Lösung

### Der Fernsehbeitrag

Das Foto von Facebook zieht immer weitere Kreise in den Medien: Nach dem Artikel im Stadtanzeiger und dem Interview mit dem Marzheimer Bürgermeister sucht im 18. Kapitel ein Fernsehteam die Villa auf, um über den vermeintlichen Umweltskandal zu berichten. Die Schüler vollziehen den Aufbau des Fernsehbeitrags nach, indem sie die einzelnen Sequenzen in die richtige Reihenfolge bringen. Bei Unsicherheiten können sie im 19. Kapitel nachlesen. Im Anschluss daran überlegen sich die Jugendlichen, welche Informationen und Fragestellungen in dem Beitrag fehlen. Hierfür ist kritisches Denken und genaue Textkenntnis gefordert. Um das Thema zu vertiefen, sprechen Sie gemeinsam über die Entwicklung eines Fernsehbeitrags (siehe Infokasten, S. 22). Der Auftrag, selbst einen kurzen Film zu drehen, bietet den Schülern die Möglichkeit, ihr neues Wissen praktisch anzuwenden (siehe Anregung „Unser Fernsehbeitrag“ in der Rubrik „Kreativ aktiv“, S. 23).

**Lösung**
*Aufgabe 1:*
1. Aufnahmen von der Villa werden gezeigt.
2. Die Reporterin stellt das Gelände vor.
3. Die Reporterin beschreibt die Entstehungsgeschichte der Villa.
4. Rike sagt zwei Sätze über die Villa.
5. Die Reporterin stellt den Bürgermeister von Marzheim vor.
6. Peter Frisch erzählt von dem neuen Bauprojekt und dem Gewinn, den alle haben werden.
7. Peter Frisch schwärmt von den neuen Arbeitsplätzen, die entstehen werden.
8. Peter Frisch ist zuversichtlich, dass die Bauarbeiten planmäßig beginnen können.

Das Urteil der Jugendlichen über den Fernsehbeitrag lautet: „Thema verfehlt!“

*Aufgabe 2:*
die Kinder und Jugendlichen, die sich in der Villa treffen; die Schließung des Jugendtreffs; mögliche Einwände gegen die Schließung bzw. offene Fragen: Woher kommt das Foto? Wer ist Löwenherz? Ist das Foto ein Fake? Wurden Bodenproben genommen? Ist wirklich Gift im Boden?

**Die Entwicklung eines Fernsehbeitrags**
Vor dem Dreh wird das dramaturgische Grundgerüst festgelegt. Dabei stellt sich ein Redakteur folgende Fragen:

- Was will ich dem Zuschauer erzählen? (Die Antwort wird als „Erklärsatz“ oder „Erzählsatz“ bezeichnet.)
- Welche Personen müssen vorkommen? Wer gibt Pro- und Kontra-Stimmen?
- Wie schaffe ich einen roten Faden?

Häufig plant der Redakteur seinen Beitrag in Form eines sogenannten „Treatments“ oder eines „Exposés“. Für den Aufbau des eigentlichen Beitrags gilt der Leitsatz: „Immer von den Bildern her denken.“ Ausdrucksstarke Bilder am Anfang wecken die Neugier des Zuschauers. Der Text sollte sich grundsätzlich an dem Sichtbaren orientieren, ohne es jedoch bloß zu beschreiben.

KV Seite 27

**Wer ist Löwenherz?**
Der geheimnisvolle Löwenherz spielt eine Schlüsselrolle im Roman, da er durch die Veröffentlichung des Fotos die Ereignisse um die Villa erst in Gang setzt. Im 21. Kapitel versuchen die Jugendlichen, das Rätsel um seine Identität zu lösen. Mit diesem Arbeitsblatt begeben sich auch die Schüler auf Spurensuche und stellen ihre Textkenntnis unter Beweis. Zunächst sammeln sie alle bekannten Informationen zu Löwenherz. Danach vergegenwärtigen sie sich seine möglichen Motive und ordnen sie der passenden Romanfigur zu. Zum Abschluss ist ihr eigener kriminalistischer Spürsinn gefragt: Sie wählen ihren Hauptverdächtigen aus und begründen ihre Entscheidung schriftlich. Aufmerksamen Lesern werden die Hinweise auf Jacob als „Täter“ nicht entgangen sein: So deuten die letzten beiden Sätze des 21. Kapitels (S. 91) darauf hin, dass Jacob mehr über „Löwenherz“ weiß, als er seinen Freunden mitteilt.

**Lösung**
*Aufgabe 1:*
Löwenherz muss …
sich mit den Sicherheitseinstellungen bei Facebook auskennen.
eines der Kinder kennen.
ein Interesse an der Schließung der Villa haben.

*Aufgabe 2:*
Der Reporter Daniel will eine coole Story haben.
Der Bürgermeister Peter Frisch möchte sein geplantes Bauprojekt umsetzen.
Der Straßenbaumeister Thomas Hellmann will einen Bauauftrag bekommen.
Martins Mutter will verhindern, dass die Straße zum Gewerbegebiet an ihrem Haus vorbeiführt.
Der ehemalige Besitzer der alten Wäscherei hat Gewissensbisse wegen der vergrabenen Giftfässer.

*Aufgabe 3:*
individuelle Lösung

## Gesprächs- und Schreibanlässe

**Familienleben**
Unterhaltet euch in der Klasse über Jacobs Familienleben:

- Was läuft gut?
- Welche Konflikte gibt es?
- Jacob beneidet seine Schwester, weil sein Vater mit ihr lange Gespräche führt. Kannst du seine Gefühle nachvollziehen? Kennst du Neid unter Geschwistern?
- Jacob vermisst seine Mutter und seine Schwester. Ihm fehlt eine Vertrauensperson. An wen könnte sich Jacob wenden? Gibt es in deinem Leben jemandem, dem du vieles anvertrauen kannst? Wer ist das?

**Das ist Jacob**
Verfasse auf der Grundlage deines bisherigen Wissens über die Hauptfigur eine Personenbeschreibung von Jacob. Mache dir zuerst Notizen, z. B. in Form von einer Mindmap. Formuliere daraus im Anschluss einen zusammenhängenden Text. Beachte dabei die Kriterien aus dem Infokasten (siehe S. 23).

**Die Personenbeschreibung**
Das Ziel einer Personenbeschreibung ist es, ein umfassendes Bild einer fiktionalen Figur oder einer realen Person zu schaffen. Folgende Kriterien helfen dabei:
- Mache möglichst detaillierte Angaben.
- Beschreibe zunächst das Äußere der Person (Alter, Größe, Gestalt, Aussehen, Kleidung und besondere Merkmale).
- Gehe dann auf das Innenleben der Person ein (Hobbys und Vorlieben, Eigenschaften, Wünsche, Ängste, Beziehungen zu anderen Personen).
- Schreibe immer im Präsens.
- Benutze ausdrucksstarke Adjektive und Verben.
- Verwende abwechslungsreiche Satzanfänge.

## Kreativ aktiv

**Standbilder: Dreiecksverhältnis**
Baut zwei Standbilder von der Figurenkonstellation Jacob – Anna – Martin:
1. Ein Standbild vor dem 15. Kapitel und den Ereignissen am See: Nehmt dazu euer grafisches Schaubild aus Aufgabe 1 des Blattes „Rivalitäten" zu Hilfe.
2. Ein Standbild nach dem 15. Kapitel und den Ereignissen am See: Greift dazu auf eure Erklärungen aus der zweiten Aufgabe zurück.

Für einen nachträglichen Vergleich könnt ihr die beiden Standbilder fotografieren.

**Unser Fernsehbeitrag**
Plant in der Gruppe einen kurzen Film zu einem Thema eurer Wahl. Ihr könnt darin z. B. eure Stadt oder ein Hobby vorstellen. Hilfreiche Tipps findet ihr auf der Startseite des Webauftritts *https://medienpraxis.blog* in der Rubrik „Video / TV". Präsentiert eure Ergebnisse bei einem gemeinsamen Filmabend.

**Ratgeber: journalistische Darstellungsformen**
Im Laufe der bisherigen Lektüre habt ihr verschiedene journalistische Textsorten und Darstellungsformen kennengelernt (Zeitungsbericht, Interview, Fernsehbeitrag). Erstellt einen kleinen Ratgeber mit hilfreichen Bildern, Grafiken und Beschreibungstexten für angehende Journalisten.

# Rivalitäten

**1. Wie ist das Verhältnis der drei Jugendlichen vor dem 15. Kapitel? Stelle es grafisch dar. Du kannst Symbole wie Pfeile, Blitze oder Herzen verwenden.**

Jacob

Anna

Martin

**2. Im 15. Kapitel verschiebt sich das Verhältnis zwischen den drei Jugendlichen. Erkläre, wie es dazu kommt.**

______________________________

______________________________

______________________________

______________________________

______________________________

______________________________

______________________________

______________________________

______________________________

______________________________

**3. Was hat es mit Martins Spitznamen „King Georg“ für Jacob auf sich? Recherchiere die Biografie von König Georg VI. und vervollständige den Satz.**

Martin nennt Jacob „King Georg“, weil ______________________________

______________________________

# Jacobs Familie

**1. Was könnte Jacob über die einzelnen Mitglieder seiner Familie erzählen? Ergänze die Sprechblasen.**

Mein Vater ist Straßenbaumeister. Weil er kaum noch Aufträge bekommt, möchte er unser Haus verkaufen. Das wäre

Meine Mutter wohnt mit ihrem neuen Freund in Spanien. Ich wünschte

Meine Schwester studiert Medizin. Ich würde gerne mehr

Jacob beneidet seine Schwester, weil sein Vater mit ihr lange Gespräche führt. Mit ihm redet er dagegen nicht richtig (vgl. S. 68).

**2. Worüber würde Jacob wohl gern mit seinem Vater sprechen? Schreibe einen Brief aus Jacobs Sicht in dein Heft, in dem er seinem Vater von seinen Sorgen und Wünschen berichtet.**

# Der Fernsehbeitrag

Im 19. Kapitel schauen Jacob und Oscar sich den Beitrag über die Villa im Fernsehen an.

**1. Wie ist der Beitrag aufgebaut? Nummeriere die einzelnen Sequenzen in der richtigen Reihenfolge und trage die Buchstaben hinter den Sätzen unten ein.**

☐ Die Reporterin stellt den Bürgermeister von Marzheim vor. **(e)**

☐ Aufnahmen von der Villa werden gezeigt. **(v)**

☐ Peter Frisch schwärmt von den neuen Arbeitsplätzen, die entstehen werden. **(l)**

☐ Rike sagt zwei Sätze über die Villa. **(f)**

☐ Peter Frisch ist zuversichtlich, dass die Bauarbeiten planmäßig beginnen können. **(t)**

☐ Die Reporterin beschreibt die Entstehungsgeschichte der Villa. **(r)**

☐ Peter Frisch erzählt von dem neuen Bauprojekt und dem Gewinn, den alle haben werden. **(h)**

☐ Die Reporterin stellt das Gelände vor. **(e)**

Das Urteil der Jugendlichen über den Fernsehbeitrag lautet: „Thema ____________________!“

**2. Was müsste in dem Beitrag noch vorkommen, damit er ausgewogen ist? Notiere fehlende Fakten und offene Fragen in Stichworten.**

______________________________________________

______________________________________________

______________________________________________

______________________________________________

______________________________________________

______________________________________________

______________________________________________

# Wer ist Löwenherz?

Im 21. Kapitel versuchen die Jugendlichen herauszufinden, wer Löwenherz ist.

**1. Was weißt du über Löwenherz? Kreuze zutreffende Voraussetzungen an.**

Löwenherz muss …

- ☐ etwas mit dem englischen König Richard Löwenherz zu tun haben.
- ☐ sich mit den Sicherheitseinstellungen bei Facebook auskennen.
- ☐ wissen, dass sich Kanzi bei Facebook MC Kan nennt.
- ☐ eines der Kinder kennen.
- ☐ alle Kinder gut kennen.
- ☐ ein Erwachsener sein.
- ☐ ein Interesse an der Schließung der Villa haben.

**2. Wer könnte welches Motiv haben? Ordne passend zu.**

| | |
|---|---|
| Der Reporter Daniel … • | • möchte sein geplantes Bauprojekt umsetzen. |
| Der Bürgermeister Peter Frisch … • | • will verhindern, dass die Straße zum Gewerbegebiet an ihrem Haus vorbeiführt. |
| Der Straßenbaumeister Thomas Hellmann … • | • hat Gewissensbisse wegen der vergrabenen Giftfässer. |
| Martins Mutter … • | • will eine coole Story haben. |
| Der ehemalige Besitzer der alten Wäscherei … • | • will einen Bauauftrag bekommen. |

**3. Wer ist dein Hauptverdächtiger? Nenne ihn / sie und sein / ihr Motiv. Schreibe eine Begründung in dein Heft.**

Name: ______________________ Motiv: ______________________________________

# 22. bis 28. Kapitel: Der Besitzer der Wäscherei

## Inhalt

(22) Die Sozialarbeiterin und die Kinder sind mit dem Packen der Umzugskisten beschäftigt. Nur Oscar sitzt stur auf einem Stuhl und weigert sich, die Villa zu räumen. Schließlich gibt er widerwillig Rikes Bitte nach, den Drucker und das Druckerpapier einzupacken. Bei der Suche nach einem Stift, mit dem er den Karton beschriften kann, stößt er auf einen Zettel mit einer interessanten Information.

(23) Anna sitzt ungeduldig mit ihren Eltern beim Essen und wartet darauf, dass sie endlich aufstehen und die geheimnisvolle Nachricht von Oscar weiterlesen kann. Auf die Vorschläge ihres Vaters für einen neuen Jugendtreffpunkt reagiert sie wenig begeistert. Nachdem sich Anna mit WhatsApp auf den aktuellen Stand gebracht hat, macht sie sich auf den Weg zu den anderen Kindern.

(24) Beim Treffen in der alten Scheune zeigt Oscar seinen Freunden das Foto, das er von dem Zettel mit der Adresse des ehemaligen Wäschereibesitzers gemacht hat. Rike hat offensichtlich seine Kontaktdaten in Erfahrung gebracht, um ihn zur Bürgerversammlung einzuladen. Die Kinder diskutieren darüber, ob sie Herrn Meyer einen Besuch abstatten sollen. Schließlich stimmen alle zu, auch Jacob, obwohl er eigentlich nicht mitfahren möchte.

(25) Jacob überlegt, wie er den Besuch bei Herrn Meyer vermeiden kann, doch ihm fällt keine geeignete Ausrede ein. Außerdem stehen Kanzi und Oscar schon eine Stunde früher als erwartet vor der Haustür, um ihn abzuholen. Am Bahnhof treffen die drei Jungen die beiden Mädchen.

(26) Auf der Suche nach der richtigen Hausnummer laufen die Freunde durch eine Siedlung. Kanzi bleibt an einem Garten stehen und unterhält sich mit einer älteren Dame über Rosen. Es stellt sich heraus, dass sie die Ehefrau von Herrn Meyer ist. Kanzi ruft die anderen herbei und Frau Meyer lädt die Kinder auf ihre Terrasse ein.

(27) Das Ehepaar Meyer ist zunächst sehr erfreut über den Besuch aus der alten Heimat. Doch dann konfrontieren die Kinder die beiden mit dem Vorwurf, die Fässer mit dem Giftmüll vergraben zu haben, und zeigen ihnen kommentarlos den Stadtanzeiger mit Daniels Bericht. Das Ehepaar reagiert ahnungslos und bestürzt auf die Anschuldigungen. Herr Meyer erkundigt sich nach Jacobs Opa und erzählt, dass er mit ihm befreundet war.

(28) Auf der Rückfahrt regen sich Oscar, Neyla und Anna darüber auf, dass Herr Meyer ihre Vorwürfe zurückgewiesen hat. Kanzi und Jacob tun die beiden älteren Menschen jedoch leid. Als Jacob nach Hause kommt, hört er die Nachricht seiner Schwester ab, die ihn bittet, sie zurückzurufen.

## Unterrichtsschwerpunkte

- das kontroverse Thema „Handyverbot an Schulen“ diskutieren
- eine Erörterung dazu verfassen
- einen eigenen Standpunkt zum Romangeschehen einnehmen und begründen
- eine Definition des Begriffs „Notlüge“ formulieren
- das Verhalten der Figuren analysieren und beurteilen
- sich in die Figuren hineinversetzen

## Zu den Kopiervorlagen

KV Seite 31

**Handy verboten!**
Eine Regel der Familie Frisch lautet: „Kein Handy beim Essen.“ Sie dient hier als Ausgangspunkt für die Auseinandersetzung mit einem Sachtext und für das Verfassen einer Erörterung. Zum Einstieg in das Thema bietet sich der Gesprächsanlass „Handyfreie Zone“ (siehe S. 30) an. Danach kann zum Arbeitsblatt übergeleitet werden. In Aufgabe 1 lesen die Jugendlichen den Bericht, der sich mit dem kontroversen Handyverbot an Frankreichs Schulen von September 2018 befasst. Als Vorbereitung auf den eigenen Aufsatz sammeln sie anschließend Pro- und Kontra-Argumente für ein Handyverbot an Schulen. Dies ist auch in Partnerarbeit möglich.

**Lösung**
*Aufgabe 2:*

| Pro | Kontra |
|---|---|
| keine Ablenkung | keine Kommunikation mit Eltern möglich |
| bessere Konzentration | Problem der praktischen Umsetzung des Verbots |
| Cybermobbing wird verhindert | Umgang mit digitalen Medien wird nicht erlernt |
| „echte“ Unterhaltungen in der Pause statt Chats | Verbot führt zu Trotzreaktion und „Abschalten“ im Unterricht |
| keine Ausgrenzung aufgrund des Handymodells | Smartphone als „intelligenter Helfer“ im Unterricht und in der Pause |

*Aufgabe 3:*
individuelle Lösung

**Die Erörterung**
Diese Textsorte setzt sich argumentativ mit einem Sachverhalt auseinander. Der Leser soll die Fragestellung nachvollziehen können und am Schluss zu einem begründeten Urteil darüber gelangen. Folgende Arbeitsschritte erleichtern das Verfassen einer Erörterung:

- Stoffsammlung: Zusammenstellung verschiedener Aspekte und Bestandteile der Fragestellung (Beispiele, Belege, Fakten, Zahlen, Zitate, Beobachtungen)
- Planung des Aufbaus: In der Einleitung weckt der Verfasser das Interesse des Lesers durch aktuelle Bezüge und persönliche Erfahrungen. Im Hauptteil werden die Pro- und Kontra-Argumente in einer zuvor festgelegten Reihenfolge genannt und die eigene These zur Fragestellung formuliert. Im Schlussteil äußert der Verfasser seine abschließende Meinung und gibt einen Ausblick.

**Ausflugspläne**
Diese Kopiervorlage greift das Thema der Pro-Kontra-Argumentation anhand der Lektüre auf: Im 24. Kapitel diskutieren die Kinder, ob sie dem Besitzer der alten Wäscherei einen Besuch abstatten sollen. Die Schüler identifizieren die verschiedenen Positionen, indem sie den Aussagen in der ersten Aufgabe jeweils den richtigen Sprecher zuordnen. Während Anna und Oscar für einen Besuch plädieren, sind Neyla, Kanzi und Jacob (zunächst) skeptisch. In Aufgabe 2 halten die Jugendlichen ihre Erkenntnisse in einem grafischen Schaubild fest. Darüber hinaus führen sie sich die Entwicklung der Diskussion vor Augen: Kanzi und Neyla lassen sich von Anna umstimmen. Sie bekräftigen ihre Ansicht, dass der Besitzer für seine Taten bezahlen muss, mit einem Nicken (vgl. S. 103). Nur Jacob will auf keinen Fall mitfahren, schlägt aber am Ende Anna zuliebe trotzdem ein. Sein Meinungswechsel ist also nicht authentisch und wird deshalb in der Lösungsgrafik mit einem gestrichelten Pfeil dargestellt. In der dritten Aufgabe sind die Schüler aufgefordert, sich selbst einer Seite anzuschließen und ihre Entscheidung zu begründen.

**Lösung**
*Aufgabe 1:*
Neyla: „Aber Rike hat uns das verboten. Sie hat extra gesagt, dass wir uns da raushalten sollen.“ –
Kanzi: „Und wenn sie erst weiß, dass Oscar in ihrem Schreibtisch rumgeschnüffelt hat, dann bekommen wir richtig Ärger mit ihr.“ –
Anna: „Trotzdem müssen wir das machen. (…) Am nächsten Montag ist Bürgerversammlung. Bis dahin müssen wir mit ihm gesprochen haben. Lasst uns gleich morgen fahren.“ +
Jacob: „Wir sollten lieber erst mal versuchen, seine Telefonnummer herauszubekommen.“ –
Oscar: „Quatsch. Wir müssen ihn richtig überraschen, damit er sich nicht irgendwelche Storys einfallen lassen kann.“ +

*Aufgabe 2:*

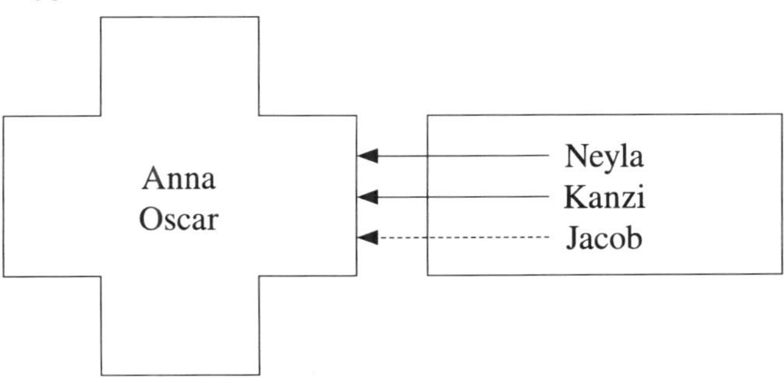


*Aufgabe 3:*
individuelle Lösung

**Jacobs Notlügen**
Im Laufe des Romans wird deutlich, dass Jacob häufig Notlügen erfindet, um unangenehme Situationen zu vermeiden. Mit diesem Arbeitsblatt machen sich die Schüler zunächst die allgemeine Bedeutung von Notlügen bewusst, indem sie eine Definition schreiben. Im Anschluss daran setzen sie sich mit drei Beispielen aus der Lektüre auseinander. Um die Tabelle mit den passenden Informationen zu ergänzen, müssen die Jugendlichen im Buch nach den betreffenden Stellen suchen und sie genau lesen. Ausgehend von den konkreten Situationen im Text diskutieren sie in Partnerarbeit zum einen darüber, ob sie Jacobs Verhalten nachvollziehen können, und äußern sich zum anderen dazu, ob sie es gutheißen. Ihre Ergebnisse halten sie schriftlich fest.

**Lösung**
*Aufgabe 1:*
Definition: Mit dem Begriff „Notlüge“ ist eine Lüge gemeint, die in einer Notsituation entsteht. Häufig handelt es sich um einen (relativ) harmlosen Vorwand oder eine Ausrede. Dahinter steckt in vielen Fällen die Absicht, jemanden zu schonen oder Unangenehmes zu vermeiden.
Beispiele: Ich kann nicht zur Familienfeier kommen, weil

ich Kopfschmerzen habe. / Ich habe meine Hausaufgaben nicht dabei, weil mein Hund sie aufgefressen hat.

*Aufgabe 2:*

| Kapitel, Seite | Ort/ Situation | Inhalt der Notlüge | Grund für die Notlüge | Umsetzung der Notlüge |
|---|---|---|---|---|
| 14, 59 | am See | Verletzung (Pflaster an der Ferse) | Wettschwimmen vermeiden | ja |
| 17, 74 | vor dem Drehtermin | Krankheit | Begegnung mit Fernsehteam vermeiden | ja |
| 25, 104 | vor dem Besuch bei Herrn Meyer | mit Ole zum Tierarzt | Besuch bei den Meyers vermeiden | nein |

*Aufgabe 3:*
individuelle Lösung

KV Seite 34

**Besuch bei den Meyers**
Dieses Arbeitsblatt nimmt das Treffen der Kinder mit dem Ehepaar Meyer und das Erleben der Beteiligten in den Blick. Kanzi wird an dieser Stelle ausgeklammert, weil er sich während des Gesprächs kaum äußert und vor allem Interesse an den Keksen zeigt (vgl. S. 113). Das bedeutet jedoch nicht, dass der Junge eine neutrale Haltung einnimmt. Im Gegenteil – er empfindet Sympathie für das Ehepaar Meyer und verurteilt das unfreundliche Verhalten der anderen (vgl. S. 116).

Zunächst beschäftigen sich die Schüler in arbeitsteiliger Gruppenarbeit mit jeweils einer Figur oder Figurengruppe und überlegen sich passende Adjektive. Diese Einschätzung hängt vor allem davon ab, ob man der jeweiligen Figur Glauben schenkt oder sie für schuldig hält. So kann das Verhalten des Ehepaar Meyers durchaus unterschiedlich bewertet werden.

Anschließend veranschaulichen sie die Gefühlszustände ihrer Figur oder Gruppe anhand einer Stimmungskurve. Während das Ehepaar Meyer zu Beginn des Treffens gut gelaunt ist, lässt sich die Stimmung von Neyla, Anna und Oscar im mittleren Bereich einordnen. Jacob dagegen fühlt sich von Anfang an unwohl. Gemeinsam ist allen Figuren, dass sich ihre Stimmung im Verlauf des Gesprächs verschlechtert und am Ende ihren Tiefpunkt erreicht. Die Ergebnisse lassen sich als szenisches Spiel umsetzen (siehe Anregung „Ein emotionales Treffen" in der Rubrik „Kreativ aktiv", unten). Sprechen Sie vorher auch über die Haltung von Kanzi und beziehen Sie diese Figur in das darstellende Spiel ein.

**Lösung**
*Aufgabe 1:*
z. B.
a) das Ehepaar Meyer: (freudig) überrascht – aufgeschlossen / gastfreundlich – interessiert (scheinbar interessiert) – unsicher (Unwissen vortäuschend) – ahnungslos (verlogen)
b) Neyla, Anna und Oscar: ablehnend / feindselig – vorwurfsvoll – anklagend – unterstellend – wütend
c) Jacob: unwohl – beschämt – nervös – traurig – mitfühlend

*Aufgabe 2:*
siehe Hinweise zur Kopiervorlage

## Gesprächs- und Schreibanlässe

**Handyfreie Zone**
Sammelt im Plenum Antworten auf folgende Fragen:
- Welche Regeln zur Handynutzung gibt bei euch zu Hause?
- Welche Regeln zur Handynutzung gibt es an eurer Schule?

**Sind Notlügen erlaubt?**
Führt in der Klasse eine Pro-Kontra-Diskussion zu der Frage: Sind Notlügen erlaubt? Mache dir Notizen zu den Gesprächsergebnissen und schreibe eine Erörterung.

## Kreativ aktiv

**Ein emotionales Treffen**
Bildet Siebenergruppen und spielt das Gespräch mit den Meyers mit verteilten Rollen nach (Ehepaar Meyer, Neyla, Oscar, Anna, Jacob und Kanzi). Greift dabei auf eure Stimmungskurve vom Arbeitsblatt „Besuch bei den Meyers" zurück. Bringt die Emotionen der Figuren durch Mimik und Gestik zum Ausdruck. Präsentiert euer Ergebnis der ganzen Klasse.

# Handy verboten!

Bei Anna zu Hause gilt die Regel: „Kein Handy beim Essen." Auch an anderen Orten gilt ein Handyverbot.

**1. Lies den Bericht.**

Seit September 2018 gilt in Frankreich ein Handyverbot in sämtlichen Kindergärten und Grundschulen sowie in der Mittelschule. Es betrifft Kinder im Alter von drei bis 15 Jahren. Gymnasien können selbst entscheiden, ob sie das Verbot umsetzen wollen. In Klassenräumen und bei Schulausflügen sind neben Handys auch Tablets und Smartwatches untersagt. Ausnahmen gibt es, wenn das Gerät für den Unterricht selbst gebraucht wird, und für Kinder mit Behinderung. Auch wenn die Schüler dringend ihre Eltern anrufen müssen oder es einen Notfall gibt, dürfen sie das Handy benutzen. Allerdings müssen sie vorher ihre Lehrer um Erlaubnis fragen. Falls Schüler sich nicht an das Verbot halten, können die Lehrer ihnen die Handys wegnehmen.

Ziel des Verbots ist es, dass sich Kinder ohne Ablenkung durch Handys in der Schule besser konzentrieren können. Auch Cybermobbing – etwa heimlich hochgeladene Fotos und Videos von Lehrern oder Mitschülern – soll verhindert werden.

Vor allem Eltern kritisieren das Gesetz, da sie ihre Kinder jederzeit erreichen und über Änderungen im Tagesablauf informieren möchten. Außerdem stellt sich die Frage, wie das Verbot praktisch umgesetzt werden kann. Ob Lehrer jeden Morgen alle Handys beschlagnahmen müssen, ist noch unklar.

**2. Sammelt Pro- und Kontra-Argumente für ein Handyverbot an Schulen.**

| Pro | Kontra |
|---|---|
| | |
| | |
| | |
| | |
| | |
| | |
| | |
| | |
| | |
| | |
| | |

**3. Sollten Handys auch an Deutschlands Schulen verboten werden? Schreibe eine Erörterung in dein Heft.**

# Ausflugspläne

Im 24. Kapitel diskutieren die Kinder darüber, ob sie den Besitzer der alten Wäscherei besuchen sollen.

**1. Wer sagt was? Schreibe die Namen vor die Sätze. Markiere dann die Pro-Argumente mit einem „+“ und die Kontra-Argumente mit einem „–“.**

________________: „Aber Rike hat uns das verboten. Sie hat extra gesagt, dass wir uns da raushalten sollen.“ ☐

________________: „Und wenn sie erst weiß, dass Oscar in ihrem Schreibtisch rumgeschnüffelt hat, dann bekommen wir richtig Ärger mit ihr.“ ☐

________________: „Trotzdem müssen wir das machen. (…) Am nächsten Montag ist Bürgerversammlung. Bis dahin müssen wir mit ihm gesprochen haben. Lasst uns gleich morgen fahren.“ ☐

________________: „Wir sollten lieber erst mal versuchen, seine Telefonnummer herauszubekommen.“ ☐

________________: „Quatsch. Wir müssen ihn richtig überraschen, damit er sich nicht irgendwelche Storys einfallen lassen kann.“ ☐

**2. Wer ist für den Besuch, wer dagegen? Wer ändert im Laufe der Diskussion seine Meinung? Trage die Namen in die Symbole ein und veranschauliche den Meinungswechsel mit Pfeilen.**

PRO

KONTRA

**3. Für welche Seite würdest du dich entscheiden? Begründe deine Meinung.**

# Jacobs Notlügen

**1. Was ist eine „Notlüge“? Schreibe eine Definition und nenne ein Beispiel.**

Definition: ________________________________________

Beispiel: ________________________________________

**2. In welchen Situationen lässt sich Jacob Notlügen einfallen und warum? Ergänze die Tabelle mit Stichworten.**

| Kapitel, Seite | Ort/Situation | Inhalt der Notlüge | Grund für die Notlüge | Umsetzung der Notlüge |
|---|---|---|---|---|
| | | | Wettschwimmen vermeiden | |
| | vor dem Drehtermin | | | |
| 25, 104 | | | | nein |

**3. Kannst du Jacobs Verhalten nachvollziehen? Findest du es richtig? Sprich mit deinem Partner und schreibt eure Antworten auf.**

# Besuch bei den Meyers

**1. Wähle eine der beteiligten Figuren oder Gruppen aus. Wie verhält sie sich? Überlege dir zu jedem Zitat ein passendes Adjektiv und schreibe es dahinter.**

a) das Ehepaar Meyer: „Das ist ja eine Überraschung." (Herr Meyer) ____________________

„Was möchtet ihr trinken? Limonade vielleicht?" (Frau Meyer) ____________________

„Warum wird er denn geschlossen?" (Frau Meyer) ____________________

„Was für Fässer denn?" (Frau Meyer) ____________________

„Ich hab keine Ahnung, wovon ihr redet." (Herr Meyer) ____________________

b) Neyla, Anna und Oscar: „Eigentlich möchten wir gar nichts." (Anna) ____________________

„Es gibt wegen Ihrer Wäscherei ziemlichen Ärger in Marzheim." (Anna) ____________________

„Na, wegen Ihnen." (Oscar) ____________________

„Wegen der Fässer, die Sie vergraben haben." (Neyla) ____________________

„Seite zwei." (Anna) ____________________

c) Jacob: Er hätte nicht mitfahren sollen, denkt er (...) ____________________

Nichts wünscht er sich mehr, als jetzt zu Hause zu sein (...) ____________________

Jacob schaut auf den Boden und zupft nervös an seinem T-Shirt. ____________________

Jacob hat einen Kloß im Hals. Er möchte weg, bloß weg (...) ____________________

Die beiden alten Leute tun ihm schrecklich leid (...) ____________________

**2. Zeichne eine Stimmungskurve deiner Figur oder Gruppe.**

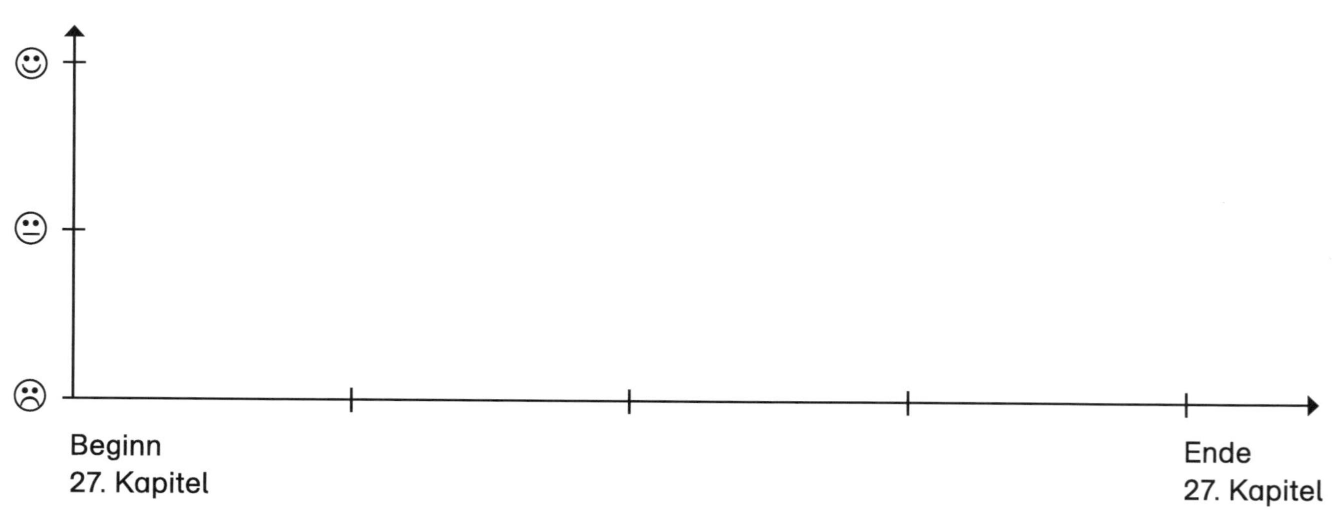

# 29. und 30. Kapitel: Löwenherz ist gefunden

## Inhalt

(29) Jacob macht sich auf den Weg zu einer Telefonzelle, um seine Schwester zurückzurufen. Sie erzählt Jacob, dass sie gestern auf der Station das Buch vorgelesen hat. Da bricht alles aus Jacob heraus, was sich in der letzten Zeit bei ihm aufgetürmt hat. Lisa verspricht ihrem Bruder, sich etwas einfallen zu lassen, wie er das Geschehene ihrem Vater vermitteln kann.

(30) Jacob bekommt Besuch von Anna. Lisa hat sie angerufen und ihr die ganze Geschichte erzählt. Durch das Buch „Lola Löwenherz" ist Lisa klar geworden, dass ihr Bruder hinter der Identität von Löwenherz steckt. Anna fragt Jacob nach seinen Beweggründen und dem weiteren Vorgehen. Jacob beschließt, auf der Bürgerversammlung ein Geständnis abzulegen. Doch vorher möchte er noch etwas Wichtiges erledigen.

## Unterrichtsschwerpunkte

- den weiteren Handlungsverlauf antizipieren
- das Textverständnis überprüfen
- sich in die Hauptfigur hineinversetzen

## Zu den Kopiervorlagen

KV Seite 36

**Jacobs Geschichte**
Diese Kopiervorlage kommt nach der Lektüre des 29. Kapitels und vor der Lektüre des 30. Kapitels zum Einsatz. Die Schüler antizipieren den weiteren Handlungsverlauf und die Auflösung des Geheimnisses um Löwenherz, indem sie aus dem Telefongespräch der beiden Geschwister Vermutungen über Jacobs Geschichte ableiten.

**Lösung**
*Aufgabe 1:*
„Ich hab gestern auf der Station das Buch vorgelesen."

*Aufgabe 2:*
Jetzt ist sowieso alles egal, jetzt kann ich ihr die Geschichte erzählen und dann ist es endlich vorbei.

*Aufgabe 3:*
individuelle Lösung

KV Seite 37

**Jetzt klärt sich alles auf**
Im 30. Kapitel erfahren die Schüler die tatsächliche Geschichte von Jacob und ihnen wird – spätestens jetzt – klar, dass er hinter Löwenherz steckt. Das vorliegende Arbeitsblatt unterstützt sie dabei, die Ereignisse zu verstehen und Jacobs Motive und seine gegenwärtige Gefühlslage nachzuvollziehen.

**Lösung**
1. Lisa glaubte, dass Jacob Hilfe von einer guten Freundin braucht, und hat dabei an Anna gedacht.
2. Jacob ist Löwenherz.
3. Jacob hat seine Kenntnisse in der Bildbearbeitung genutzt, um das Foto zu verändern.
4. Jacob hat Panik bekommen, als er gesehen hat, dass sein Vater in der Zeitung nach Wohnungen gesucht hat.
5. Schlimmer als die Schließung der Villa war für ihn die Vorstellung, wegzuziehen und Anna und die anderen nur noch selten zu sehen.
6. Jacob ist froh, dass Anna ihn nicht mit Vorwürfen überhäuft, sondern ihm nur geduldig zuhört.
7. Jacob ist dankbar, dass Lisa bei Anna angerufen hat.
8. Jacob will bei der Bürgerversammlung alles zugeben und erklären.

## Gesprächs- und Schreibanlässe

**Virtuelle Identitäten**
Jacob hat sich durch das Facebook-Profil von Löwenherz eine zweite, virtuelle Identität erschaffen. Recherchiert und diskutiert folgende Fragen:

- Was bedeutet der Begriff „virtuelle Identität"?
- Welche Vor- und Nachteile bieten virtuelle Identitäten?
- Warum hat sich Jacob wohl für einen Löwen als Profilbild und den Namen „Löwenherz" entschieden (abgesehen von der Verbindung mit dem Kinderbuch „Lola Löwenherz")?

**Jacobs Rede auf der Bürgerversammlung**
Nach dem Gespräch mit Anna beschließt Jacob, auf der Bürgerversammlung alles zuzugeben und zu erklären. Versetze dich an seine Stelle und schreibe die Rede auf. Nimm deine Antworten vom Arbeitsblatt „Jetzt klärt sich alles auf" zu Hilfe.

# Jacobs Geschichte

Im 29. Kapitel telefoniert Jacob mit seiner Schwester.

**1. Welchen entscheidenden Satz sagt Lisa? Vervollständige die Sprechblase.**

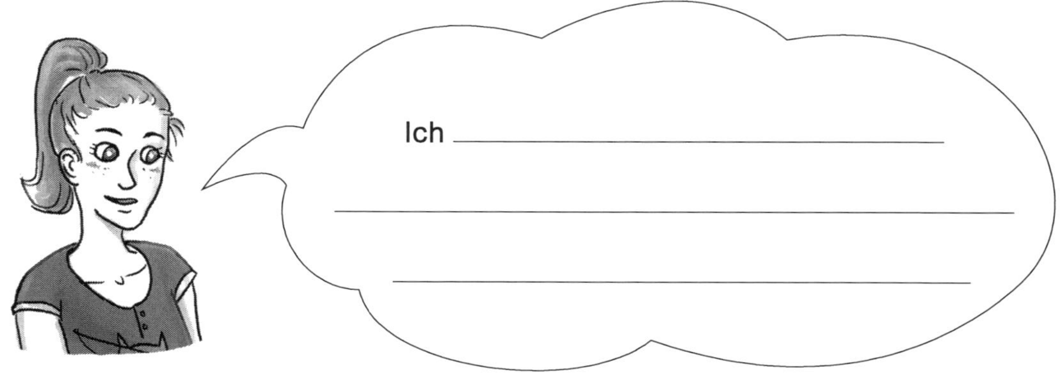


**2. Wie reagiert Jacob darauf? Vervollständige seine Gedanken.**

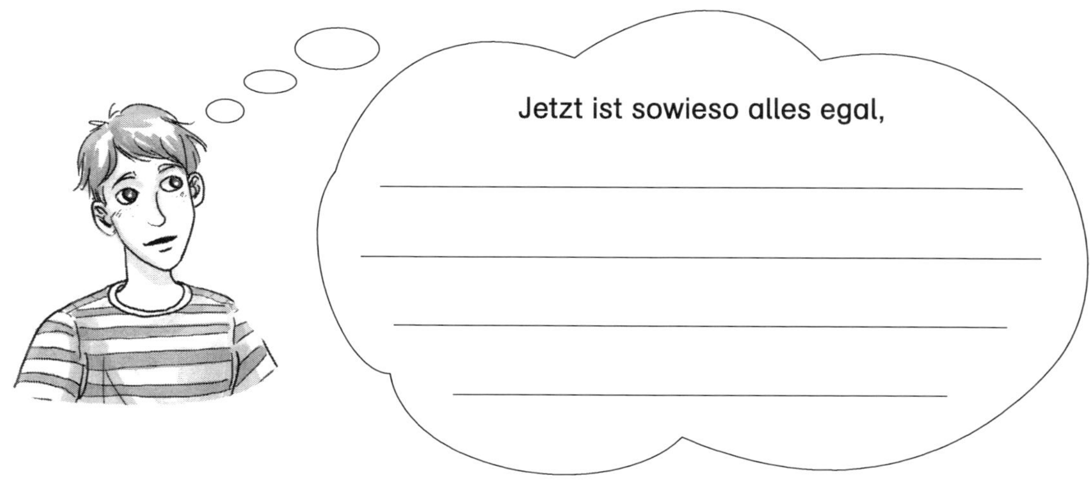


**3. Was ist Jacobs Geschichte? Schreibe deine Vermutung auf.**

# Jetzt klärt sich alles auf

**Lies das Gespräch zwischen Anna und Jacob im 30. Kapitel und beantworte die Fragen in vollständigen Sätzen.**

1. Warum hat Lisa Anna angerufen?

2. Wer ist Löwenherz?

3. Wie ist das Foto von den Giftfässern entstanden?

4. Wann hat Jacob Panik bekommen?

5. Was war für Jacob schlimmer als die Schließung der Villa?

6. Worüber ist Jacob froh?

7. Wofür ist Jacob dankbar?

8. Was hat Jacob jetzt vor?

# 31. bis 33. Kapitel: Die Bürgerversammlung

## Inhalt

(31) Auf der Bürgerversammlung stellt Peter Frisch seine Pläne für das neue Gewerbegebiet vor. Allen Entwürfen ist gemeinsam, dass die Zufahrt über das Gelände der Villa verläuft. Als Kanzi dazwischenruft, geht der Bürgermeister kurz auf die vermeintliche Umweltverschmutzung ein. Da bahnen sich Herr Meyer und Jacob einen Weg nach vorne.

(32) Herr Meyer erklärt vor der versammelten Gemeinde, dass auf dem Gelände der ehemaligen Wäscherei niemals Fässer mit giftigen Chemikalien vergraben wurden. Daraufhin gesteht Jacob, das Foto manipuliert und ins Internet gestellt zu haben. Sein Vater springt wütend auf und erklärt diese Aussage für Unsinn. Peter Frisch will in seinem Programm fortfahren, doch Rike, Herr Meyer und Kanzi lenken das Gespräch wieder auf die Schließung der Villa. Thomas Hellmann schlägt vor, die alte Scheune als neuen Treffpunkt herzurichten. Fast alle Marzheimer erheben sich von ihren Stühlen, um ihre Unterstützung für das Projekt zu signalisieren.

(33) Nach der Bürgerversammlung entschuldigt sich Anna bei Herrn Meyer für den falschen Verdacht. Herr Meyer erzählt den Kindern von Jacobs zweitem Besuch bei ihm. Als er mit seinem Vater aus dem Gemeindesaal kommt, bedauert Jacob seinen Freunden gegenüber, dass alles so gekommen ist. Sie reagieren verständnisvoll. Anna drückt Jacob den Zettel mit seiner geheimen Zeichnung in die Hand und gesteht ihm, dass sie diesen süß findet.

## Unterrichtsschwerpunkte

- Handlungsorte auf einer Karte bestimmen
- Konflikte und deren Auflösung nachvollziehen
- kreatives Schreiben
- Gestaltungsideen entwickeln

## Zu den Kopiervorlagen

### Das neue Gewerbegebiet

Diese Kopiervorlage bietet eine Karte, mit der die Schüler die Pläne des Bürgermeisters für sein Bauprojekt nachvollziehen. Sie markieren die zentralen Orte (das Gewerbegebiet und den Jugendtreff) und zeichnen die beiden möglichen Zufahrten zum Gewerbegebiet ein. Im Anschluss daran können die Jugendlichen selbst zu Stadtplanern werden (siehe Anregung „Ideen für unsere Stadt" in der Rubrik „Kreativ aktiv", S. 39).

**Lösung**

direkter Weg (grün): durchgezogene Linie
geplante Umgehungsstraße (rot): gestrichelte Linie

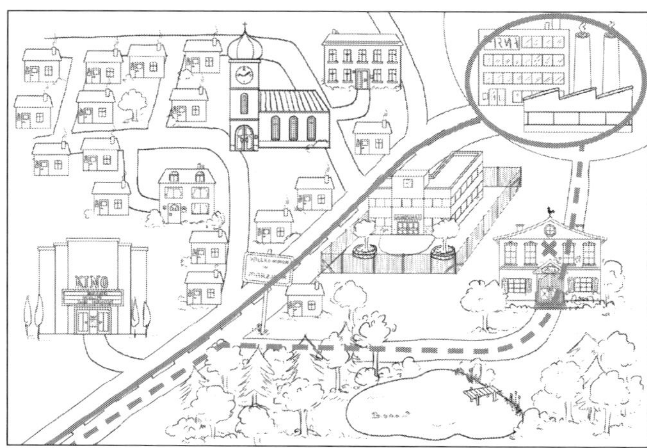

### Geständnisse und Entschuldigungen

In den letzten drei Kapiteln des Romans wird das Geheimnis um Löwenherz und das gefälschte Foto öffentlich gelüftet. Die Stellungnahmen, Geständnisse und Entschuldigungen verschiedener Figuren bewirken die Beseitigung von Unklarheiten und die Lösung von Konflikten. Dies vollziehen die Schüler mit dem vorliegenden Arbeitsblatt nach. Darüber hinaus erhalten sie eine Anregung zum kreativen Schreiben, indem sie eine Leerstelle im Handlungsverlauf füllen.

**Lösung**

*Aufgabe 1:*

1. Herbert Meyers Stellungnahme: „Wir haben niemals irgendetwas im Boden vergraben, keine Fässer, keine giftigen Chemikalien und auch sonst nichts. Bei uns wurde immer alles ordnungsgemäß entsorgt."
2. Jacobs Geständnis: „Nein, so ein Foto gibt es nicht. Ich war das. Ich habe das Foto so verändert und ich habe es auch ins Internet gestellt. Es tut mir leid."
3. Annas Entschuldigung: „Wir wollten uns bei Ihnen entschuldigen. Unser Verdacht war falsch."
4. Annas Geständnis: „Ich finde das total süß. Wirklich."

*Aufgaben 2 und 3:*
individuelle Lösung

## Gesprächsanlass

**Rückblick**

Nehmt das Arbeitsblatt „Der Prolog" zur Hand und sprecht über folgende Fragen:

- Was wisst ihr jetzt über den Prolog, was euch zu Beginn der Lektüre nicht bekannt war?
- Haben sich eure Erwartungen, wie die Geschichte weitergehen könnte, bestätigt?
- Um welche Art von Buch handelt es sich – von eurem aktuellen Kenntnisstand aus gesehen?

## Kreativ aktiv

**Ideen für unsere Stadt**
Überlegt in Gruppenarbeit, was euch in eurem Ort fehlt oder wie man ihn verschönern könnte. Sammelt die Ideen mithilfe einer Mindmap. Stimmt darüber ab, welcher Vorschlag euch am besten gefällt. Formuliert einen Text dazu und zeichnet Karten, die eure Vorstellungen veranschaulichen. Präsentiert der Klasse euer „Bauvorhaben".

**Ein neuer Treffpunkt**
Stellt euch vor: Die Scheune wurde als neuer Jugendtreffpunkt wiederhergerichtet. Rike und die Jugendlichen beginnen nun mit der Einrichtung und der Gestaltung der Innenräume. Welche Dinge gehören eurer Meinung nach unbedingt in einen Jugendtreff? Schreibt und zeichnet auf ein großes Plakat. Was halten eure Mitschüler von den Ideen?

# Das neue Gewerbegebiet

**Sieh dir die Karte an und trage Folgendes ein: den Jugendtreffpunkt (= rotes Kreuz), das Gewerbegebiet (= grün eingekreist), den direkten Weg vom Ortseingang zum Gewerbegebiet (= grüne Linie), die geplante Umgehungsstraße (= rote Linie).**

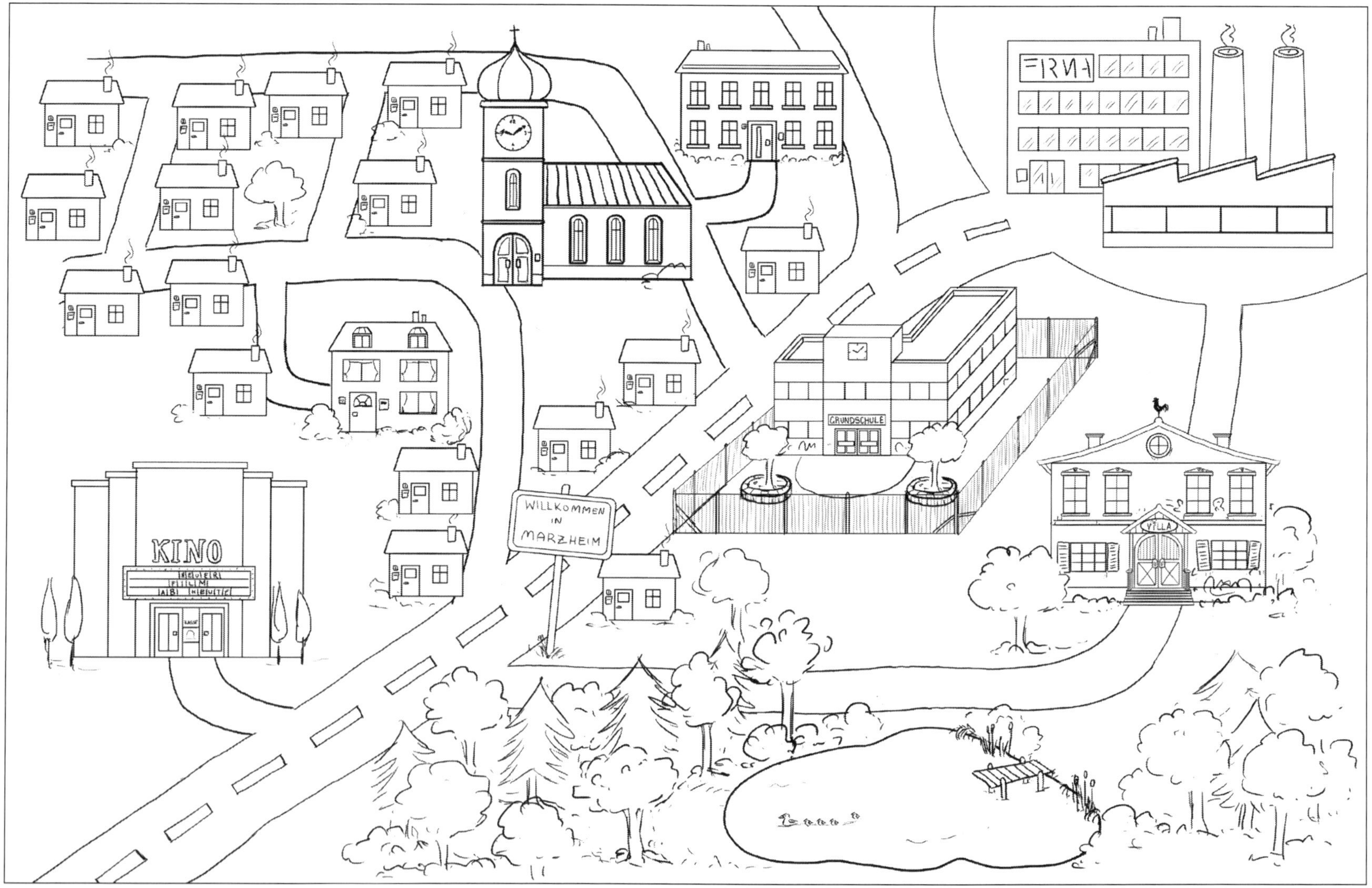

# Geständnisse und Entschuldigungen

Während und nach der Bürgerversammlung kommt es zu einigen Stellungnahmen, Geständnissen und Entschuldigungen.

**1. Ergänze die Aussagen der Figuren und nummeriere sie in chronologischer Reihenfolge.**

☐ Jacobs Geständnis: „Nein, ______

☐ Annas Entschuldigung: „Wir wollten uns ______

☐ Herbert Meyers Stellungnahme: „Wir haben niemals ______

☐ Annas Geständnis: „Ich finde ______

Vor der Bürgerversammlung besucht Jacob das Ehepaar Meyer ein zweites Mal und entschuldigt sich bei den beiden. Diese Szene wird im Buch nicht beschrieben.

**2. Wie könnte das Gespräch zwischen Jacob und den Meyers verlaufen sein? Sprich mit deinem Partner und schreibt einen Dialog.**

Jacobs Herz klopft wild, als er vor dem Haus der Meyers steht und auf den Klingelknopf drückt. Kurz darauf öffnet sich die Tür und Herr Meyer erscheint …

Herr Meyer: ______

Jacob: ______

**3. Präsentiert euren Dialog der Klasse.**

# Medienkritische Arbeit: Fake News

Jacobs anonyme Verbreitung eines gefälschten Fotos auf Facebook bildet den Schlüsselmoment der Romanhandlung. Darüber hinaus bietet sie die Gelegenheit, sich im Rahmen der medienkritischen Arbeit mit dem aktuellen Thema „Fake News“ auseinanderzusetzen. Mithilfe der Kopiervorlagen in diesem Abschnitt vermitteln Sie Ihren Schülern wichtige Hintergrundinformationen und regen sie zur Reflexion ihres Umgangs mit dem Internet an. Außerdem finden Sie hier eine Sammlung hilfreicher Webadressen.

## Unterrichtsschwerpunkte

- den Begriff „Fake News“ definieren
- Techniken zur Erkennung von Fake News kennenlernen
- Fake News identifizieren und analysieren
- Verbreitungsmechanismen von Fake News verstehen
- das Wissen über soziale Medien erweitern

## Zu den Kopiervorlagen

**Was sind Fake News?**
Durch einen Sachtext lernen die Schüler, was der Begriff „Fake News“ bedeutet, wie die Falschmeldungen entstehen, welche Ziele damit verfolgt werden und welche Gefahren sie bergen. Indem sie prüfen, welche Merkmale von Fake News auf Jacobs gefälschtes Foto zutreffen, stellen sie den Bezug zum Roman her. Außerdem führen sie sich die Motivation der Hauptfigur vor Augen.

**Lösung**
*Aufgabe 2:*
a) gefälschte Nachrichten
b) reißerische Schlagzeilen, gefälschte Bilder, falsche Behauptungen
c) Verbreitung von Lügen und Propaganda, Betrug, Geld verdienen (durch Anklicken, Liken und Weiterleiten)
d) Ausspähung und Missbrauch von persönlichen Daten („Phishing“), politische Hetze und Manipulation

*Aufgabe 3:*
(...) Die Erfinder solcher Falschmeldungen verwenden sensationsheischende Schlagzeilen, manipulierte Fotos und falsche Behauptungen, um Lügen oder Propaganda zu verbreiten. Fake News werden heute in erster Linie durch das Internet, vor allem soziale Medien, in Umlauf gebracht. (...) Eins ist allen Fake News gemeinsam: Ihre Gefahr besteht darin, dass sie Menschen durch falsche Informationen beeinflussen. Leser halten die gefälschten Nachrichten oft für Tatsachenberichte. Sie klicken sie an, „liken“ sie und verbreiten sie weiter. (...)

*Aufgabe 4:*
Jacob hat mit seiner Falschmeldung das Ziel verfolgt, die öffentliche Meinung so zu beeinflussen, dass die Villa geschlossen wird. Damit wollte er seinem Vater den Bauauftrag verschaffen und den Hausverkauf und den Wegzug aus Marzheim verhindern.

**Wie erkenne ich Fake News?**
Dieses Arbeitsblatt bietet eine Anleitung, wie man Falschmeldungen entlarven kann. Die Schüler vollziehen die einzelnen Schritte nach, indem sie den Textabschnitten die passenden Techniken zuordnen.

**Lösung**
*Aufgabe 2:*
a) Schau dir den Artikel an: Ist die Überschrift sachlich oder sensationsheischend? (...): Art der Darstellung einschätzen
b) Eine Rolle spielt auch, wer den Artikel veröffentlicht hat. (...): Urheber/Quelle prüfen
c) Frage dich: Wer ist das eigentlich genau, der diese Meldung veröffentlicht hat? (...): die Absicht des Urhebers hinterfragen
d) Gib die Nachricht oder Teile davon in die Suchzeile einer Suchmaschine ein: (...): Suchmaschine nutzen
e) Besuche andere Nachrichtenportale: Greifen sie das Thema auf? (...): mit anderen Medienportalen vergleichen
f) Benutze die Bildsuchfunktion einer Suchmaschine, um Fotos zu überprüfen. (...): Bilder recherchieren

**Wahrheit oder Lüge?**
Hier erhalten die Schüler die Gelegenheit, ihr neu erworbenes Wissen über Fake News anzuwenden. Sie prüfen eine Auswahl von Schlagzeilen aus dem Jahr 2018 auf ihren Wahrheitsgehalt und erläutern ihr Recherchevorgehen anschließend der Klasse. Falls die Meldungen nicht mehr online verfügbar sind, können Sie sie durch aktuelle Schlagzeilen ersetzen.

**Lösung**
*Aufgabe 1:*
Falschmeldungen:
Claudia Roth: Im Ramadan soll ein Verkaufsverbot für Alkohol bestehen. (...)
Weil Muslime im Bad sind: Papa darf mit Tochter (2) nicht mehr zum Schwimmen (...)
Laut Merkel ist Flüchtlingen bei den Tafeln unbedingter Vorrang zu geben – Wir luden sie ein (...)

Weltweit „Fake News“ gestreut? Chemnitz-Insider packt aus (…)

*Aufgabe 2:*
individuelle Lösung

KV Seite 47

**Fake News und soziale Medien**

Falschmeldungen sind kein neues Phänomen, wie u. a. die MDR-Reihe „Historische Fake News“ (siehe Internetadresse unten) zeigt. Doch Internetplattformen wie Facebook und Twitter verstärken das Problem. Durch die Arbeit mit einem Sachtext führen sich die Schüler vor Augen, welche Rolle einerseits die Mechanismen der sozialen Medien und andererseits das (teilweise daraus resultierende) Verhalten der Nutzer bei der Verbreitung von Fake News spielen. Anschließend erklären die Jugendlichen ausgewählte Fachbegriffe mit eigenen Worten und nennen Beispiele aus dem Roman.

**Lösung**

*Aufgabe 1:*
Eigenschaften der sozialen Medien (rot): unterstrichen
Verhalten der Nutzer (grün): *kursiv*

Soziale Medien haben Licht- und Schattenseiten. (…) Wichtige Faktoren sind die einfache Handhabung, die Schnelligkeit und die Emotionalität der sozialen Medien: Es ist leicht, bei Facebook an Informationen zu gelangen, da die Neuigkeiten direkt in den Newsfeed eingeblendet werden. Mit wenigen Klicks können Teilnehmer selbst Beiträge posten, liken und teilen. (…) Diese Art der Verbreitung – die Kettenreaktion sowie die ständige virtuelle Vervielfältigung – ähnelt einer Virusinfektion und wird daher mit dem englischen Adjektiv „viral“ beschrieben.
Eine Rolle spielt auch die häufig *unreflektierte Nutzung* der Plattformen: Die Schnelligkeit und Unübersichtlichkeit der sozialen Medien führen dazu, dass man vor allem die Schlagzeilen von Artikeln wahrnimmt und die Texte selbst oft nur *oberflächlich liest.* Viele Teilnehmer *vertrauen* den dargebotenen Inhalten *unkritisch* und *verbreiten* diese *unüberlegt* weiter. Verstärkt wird dieser Effekt durch die sogenannte „Filterblase“: Sie versorgt den Benutzer hauptsächlich mit Informationen, die seine Grundhaltung bestätigen.
Darüber hinaus bietet das Internet die Möglichkeit, sich öffentlich zu äußern, ohne seine Identität preiszugeben. (…) Diese (…) verleitet auch dazu, den eigenen *Emotionen* beim Verfassen oder Kommentieren von Beiträgen *freien Lauf zu lassen.* (…) An die Stelle von Fakten treten dann häufig *Behauptungen*; statt zu differenzieren wird *verallgemeinert.* (…)

*Aufgabe 2:*

a) Der Begriff „viral“ bezeichnet die Art der Verbreitung von Nachrichten im Internet. Wie bei einer Virusinfektion kommt es zu einer Kettenreaktion, bei der ein Nutzer den „Virus“ an den nächsten weitergibt. Ein Beispiel aus der Lektüre ist die Verbreitung des gefälschten Fotos: Indem Kanzi das Bild teilt, erreicht es auch Jana und ihren Onkel Daniel.
b) „Pseudonymität im Internet“ bezeichnet die Verwendung eines erfundenen Namens. Ein Beispiel aus der Lektüre ist Jacobs Erstellung eines Facebook-Profils unter dem Fantasienamen Löwenherz.

**Fake-News-Rätsel**

Mit einem abschließenden Kreuzworträtsel überprüfen und erweitern die Schüler spielerisch ihr Wissen über das Internet und Fake News. Unbekannte Begriffe können recherchiert werden.

**Lösung**

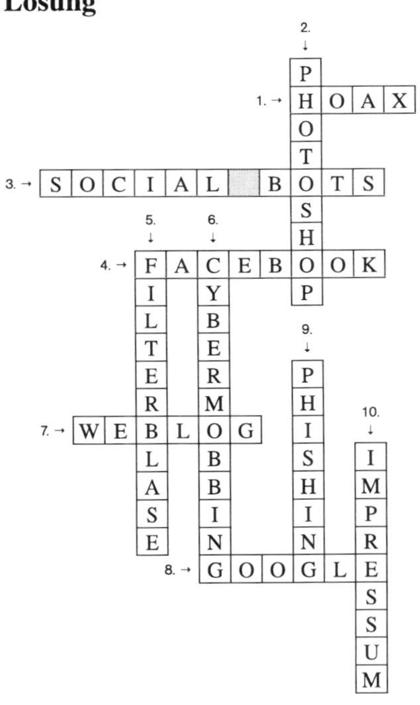


## Internetadressen

- *www.mimikama.at*
- *https://lehrerweb.wien/aktuell/single/news/10-kostenlose-inhalte-zum-thema-fake-news-im-unterricht/*
- *https://www.mdr.de/medien360g/medienwissen/historische-fake-news-102.html*
- *https://www.handysektor.de/artikel/fakt-oder-fake-das-handysektor-fake-news-quiz/*

# Was sind Fake News?

**1. Lies den Text.**

„Fake News" wird aus zwei Wörtern gebildet: „fake" bedeutet „Fälschung", „news" heißt „Nachrichten". Fake News sind also gefälschte Nachrichten. Sie werden auch „Hoax" (Plural „Hoaxes", englisch für „Schwindel", „Streich") genannt. Die Erfinder solcher Falschmeldungen verwenden sensationsheischende Schlagzeilen, manipulierte Fotos und falsche Behauptungen, um Lügen oder Propaganda zu verbreiten. Fake News werden heute in erster Linie durch das Internet, vor allem soziale Medien, in Umlauf gebracht. Hinter den Fake News stehen unterschiedliche Absichten: Mit ihrer Hilfe spionieren Betrüger zum Beispiel persönliche Daten von Internetnutzern aus. Das nennt man „Phishing". Auf politischer Ebene, insbesondere im Wahlkampf, sollen erfundene Geschichten Volksvertreter unglaubwürdig machen oder besonders sympathisch erscheinen lassen. Rassisten setzen Falschmeldungen ein, um gegen Flüchtlinge zu hetzen. Eins ist allen Fake News gemeinsam: Ihre Gefahr besteht darin, dass sie Menschen durch falsche Informationen beeinflussen. Leser halten die gefälschten Nachrichten oft für Tatsachenberichte. Sie klicken sie an, „liken" sie und verbreiten sie weiter. Mit diesen Klicks verdienen viele Macher von Fake News Geld. Denn je mehr Besucher ihre Website aufweist, desto teurer können sie dort einen Werbeplatz verkaufen.

**2. Beantworte die Fragen in Stichworten.**

a) Was bedeutet „Fake News"?

______________________________

b) Welche Mittel nutzen die Verfasser von Fake News?

______________________________

c) Welche Ziele verfolgen die Verfasser von Fake News?

______________________________

______________________________

d) Warum sind Fake News gefährlich?

______________________________

______________________________

**3. Welche Merkmale der Fake News treffen auf Jacobs Geschichte zu? Unterstreiche passende Wörter und Wortgruppen im Text.**

**4. Welches Ziel hat Jacob mit seiner Falschmeldung verfolgt? Schreibe in dein Heft.**

# Wie erkenne ich Fake News?

**1. Lies die Anleitung, wie man Fake News entlarven kann.**

a) Schau dir den Artikel an: Ist die Überschrift sachlich oder sensationsheischend? Lies den Text aufmerksam. Überspitzte Formulierungen und fehlende Erklärungen sind ein erstes Alarmsignal. Wenn vor allem eine Meinung geäußert und wenig Inhalt geboten wird, solltest du vorsichtig sein.

______________________________

b) Eine Rolle spielt auch, wer den Artikel veröffentlicht hat. Handelt es sich um ein seriöses Medium oder um einen Meinungsblog? Jede Publikation muss ein „Impressum" haben, das den Namen, die Adresse und die Kontaktmöglichkeiten der verantwortlichen Person enthält. Wenn diese Angaben nicht nachvollziehbar, fehlerhaft oder nicht vorhanden sind, deutet dies auf eine unzuverlässige Quelle hin.

______________________________

c) Frage dich: Wer ist das eigentlich genau, der diese Meldung veröffentlicht hat? Welches Interesse steckt hinter der Veröffentlichung? Was hat diese Seite oder diese Person sonst noch geschrieben und verbreitet?

______________________________

d) Gib die Nachricht oder Teile davon in die Suchzeile einer Suchmaschine ein: Erscheint die Nachricht im gleichen Wortlaut auf anderen Seiten – ohne Hinweis auf eine Presseagentur wie dpa als Quelle? Das spricht dafür, dass sie unreflektiert kopiert wurde.

______________________________

e) Besuche andere Nachrichtenportale: Greifen sie das Thema auf? Stimmen die Informationen mit dem zuvor gelesenen Artikel überein oder gibt es Unterschiede? Wenn andere Medien nicht über das Ereignis berichten, kannst du die Richtigkeit der Meldung anzweifeln. Vielleicht stößt du im Internet auf Seiten, die die Falschnachricht bereits aufgedeckt haben.

______________________________

f) Benutze die Bildsuchfunktion einer Suchmaschine, um Fotos zu überprüfen. Bei Fake News gehören die Geschichte und das Bild häufig nicht zusammen. So kann das Bild z.B. bereits zu einem früheren Zeitpunkt in einem ganz anderen Zusammenhang erschienen sein. In manchen Fällen zeigt das Bild eine reale Situation, der zugehörige Text ist jedoch falsch. Oder umgekehrt: Der Textinhalt ist korrekt, wird jedoch bildlich falsch dargestellt.

______________________________

**2. Ordne die Techniken den passenden Textabschnitten zu.**

- die Absicht des Urhebers hinterfragen
- mit anderen Medienportalen vergleichen
- Art der Darstellung einschätzen
- Urheber/Quelle prüfen
- Bilder recherchieren
- Suchmaschine nutzen

# Wahrheit oder Lüge?

1. Achtung, nicht alle Schlagzeilen sind wahr! Lies die Überschriften. Recherchiere und streiche die Falschmeldungen mit einem roten Stift durch.

**Claudia Roth:**
**Im Ramadan soll ein Verkaufsverbot für Alkohol bestehen.**
*Quelle: Berliner-Express.com*

**Ab 2020**
**Luxemburg macht Bahn- und Busfahren kostenlos**
*Quelle: Spiegel Online*

**Weil Muslime im Bad sind**
**Papa darf mit Tochter (2) nicht mehr zum Schwimmen**
*Quelle: Bild-Zeitung*

**Laut Merkel ist Flüchtlingen bei den Tafeln unbedingter Vorrang zu geben – Wir luden sie ein**
**Die Tafel Essen**
*Quelle: Blog „Halle-Leaks“*

**Weißes Haus**
**USA beginnen mit Truppen-Abzug aus Syrien**
*Quelle: Süddeutsche Zeitung*

**Vorfreude auf die Familie:**
**Raumfahrer Gerst ist wohlbehalten zurück**
*Quelle: Die ZEIT*

**Weltweit „Fake News“ gestreut?**
**Chemnitz-Insider packt aus: Rechte „Hetzjagden“ waren erfunden**
*Quelle: wochenblick.at*

**Barack Obama als Weihnachtsmann im Krankenhaus**
**Chefvisite**
*Quelle: Spiegel Online*

2. Wählt eine Nachricht aus und stellt sie eurer Klasse vor. Erläutert, wie ihr herausgefunden habt, ob es sich um eine richtige Darstellung oder eine Falschmeldung handelt.

# Fake News und soziale Medien

Welche Rolle spielen das Internet und die sozialen Medien bei der Verbreitung von Fake News?

**1. Lies den Text. Unterstreiche Merkmale, die die Verbreitung von Fake News in sozialen Medien fördern: rot = Eigenschaften der sozialen Medien, grün = Verhalten der Nutzer.**

Soziale Medien haben Licht- und Schattenseiten. Zum einen machen sie es möglich, uns mit Menschen rund um den Globus zu vernetzen, und bieten Informationen zu Ereignissen weltweit. Zum anderen gefährden sie aber auch eine unabhängige Meinungsbildung. Wichtige Faktoren sind die einfache Handhabung, die Schnelligkeit und die Emotionalität der sozialen Medien: Es ist leicht, bei Facebook an Informationen zu gelangen, da die Neuigkeiten direkt in den Newsfeed eingeblendet werden. Mit wenigen Klicks können Teilnehmer selbst Beiträge posten, liken und teilen. Andere sehen den Post oder Like und verbreiten die Nachricht weiter. So kann eine Botschaft im Internet innerhalb kürzester Zeit eine rasch wachsende Empfängergruppe erreichen. Diese Art der Verbreitung – die Kettenreaktion sowie die ständige virtuelle Vervielfältigung – ähnelt einer Virusinfektion und wird daher mit dem englischen Adjektiv „viral" beschrieben.

Eine Rolle spielt auch die häufig unreflektierte Nutzung der Plattformen: Die Schnelligkeit und Unübersichtlichkeit der sozialen Medien führen dazu, dass man vor allem die Schlagzeilen von Artikeln wahrnimmt und die Texte selbst oft nur oberflächlich liest. Viele Teilnehmer vertrauen den dargebotenen Inhalten unkritisch und verbreiten diese unüberlegt weiter. Verstärkt wird dieser Effekt durch die sogenannte „Filterblase": Sie versorgt den Benutzer hauptsächlich mit Informationen, die seine Grundhaltung bestätigen.

Darüber hinaus bietet das Internet die Möglichkeit, sich öffentlich zu äußern, ohne seine Identität preiszugeben. Die Verwendung von Nicknames sorgt für Pseudonymität im Internet. Diese schützt Nutzer vor der Verletzung ihrer Persönlichkeitsrechte, aber sie verleitet auch dazu, den eigenen Emotionen beim Verfassen oder Kommentieren von Beiträgen freien Lauf zu lassen. Schließlich kann man für das Geäußerte nicht persönlich zur Verantwortung gezogen werden. An die Stelle von Fakten treten dann häufig Behauptungen; statt zu differenzieren wird verallgemeinert. So entsteht schnell ein Zerrbild der Wirklichkeit.

**2. Wähle eine der folgenden Fragen aus und schreibe die Antwort in dein Heft.**

a) Was bedeutet „viral"? Erkläre den Begriff mit eigenen Worten und nenne ein Beispiel aus der Lektüre.

b) Was bedeutet „Pseudonymität im Internet"? Erkläre den Begriff mit eigenen Worten und nenne ein Beispiel aus der Lektüre.

# Fake-News-Rätsel

**Wie gut kennst du dich mit den Begriffen rund um das Internet und Fake News aus? Löse das Kreuzworträtsel.**

1. anderes Wort für Fake News
2. Softwareprogramm, mit dem Bilder digital bearbeitet werden können
3. selbstständig handelnde Computerprogramme, die durch Benutzerkonten in sozialen Netzwerken vortäuschen, Menschen zu sein
4. internationales soziales Netzwerk
5. eingeschränkte Auswahl an Informationen, die dir Webseiten aufgrund deines Nutzerverhaltens anbieten
6. das Beleidigen und Schikanieren anderer Personen über das Internet
7. tagebuchähnliche Internetpublikation, die öffentlich zugänglich ist und ständig um Kommentare oder Notizen zu einem bestimmten Thema ergänzt wird
8. Marktführer unter den Internet-Suchmaschinen und meist besuchte Website der Welt
9. Ausspähung von persönlichen Daten anderer Personen mithilfe von gefälschten E-Mails oder Webseiten
10. gesetzlich vorgeschriebene Angabe in Publikationen mit Angaben zum Namen, zur Adresse und zu Kontaktmöglichkeiten des Urhebers

2. ↓

1. →

3. →

5. ↓ 6. ↓

4. →

9. ↓

7. →

10. ↓

8. →